KB078674

러시아의 정체성

푸틴과 표트르 대제 그리고 러시아인의 의식구조

차례

Contents

서언: 문제의 제기

Умом Россию не понять,

Аршином общим не измерить;

У ней особенная стать -

В Россию можно только верить.

  – Фёдор И. Тютчев(1803~1873)

이성으로는 이해할 수 없는 나라, 러시아

보통의 잣대로는 잴 수 없는 나라, 러시아

자신만의 독특한 모습을 지닌 나라, 러시아

있는 그대로 믿을 수밖에 없는 나라, 러시아

  – 표도르 I. 쮸뜨체프(1803~1873)

한반도를 둘러싸고 있는 미·일·중·러 4개국의 역학관계가 과거는 물론 현재, 미래 어느 때를 막론하고 한반도의 운명과 밀접하게 연결되어 있다는 사실은 재론의 여지가 없다. 국제무대에서 이와 같은 한반도의 지정학적 위치를 우리의 선각자들은 이미 1세기도 훨씬 전인 1898년 1월 20일자(광무 2년) 「독립신문」에서 다음과 같이 명쾌하게 갈파하고 있다.

> 슬프다! 대한 사람들은 남에게 의지하고 힘입으려는 마음을 끊을진저. 청국에 의지하지 말라, 종이나 사환에 지나지 못하리로다. 일본에 의지하지 말라, 종내에는 내장을 잃으리라. 로국에 의지 말라, 필경에는 몸뚱이까지 삼킴을 받으리라. 영국과 미국에 의지하지 말라, 청국과 일국과 로국에 원수를 맺으리라. 이 모든 나라에 의지하고 힘입으려고는 아니 할지언정, 친밀치 아니치는 못하리라.

하지만 21세기 지구촌의 최대 화두인 식량 및 에너지 자원의 위기를 해결하기 위해서 우리는 이 양대 문제 해결의 가장 큰 열쇠를 쥐고 있는 러시아를 이제 '멀고도 가까운 나라'가 아닌 '가깝고도 가까운 나라' 이웃으로 면밀히 고찰하면서, '그들이 과연 누구인가?'를 보다 본질적으로 명확히 파악하고 이해할 필요가 있다. 그래야만 21세기 국제무대의 가혹한 풍랑을 효과적으로 헤쳐 나갈 수 있을 것이기 때문이다.

오늘날 극단적인 세계화의 시대로 접어들면서 지구촌의 각

국가들은 보다 본질적인 차원의 접근을 통해 상대국을 이해하면서 국익을 도모해야만 하는 시점에 이르렀다. 꼭 국익추구만을 위해서가 아니더라도, 국제사회의 일원으로서 서로를 배려하고 존중하며 평화롭게 살아가기 위해서라도 상대방에 대한 보다 깊은 근원적 이해는 필수적이다. 이 같은 상대국에 대한 보다 본질적이고 근원적인 이해를 위해서는 역시 무엇보다도 먼저 상대방의 문화에 대한 이해가 선행되어야 할 것이다.

문화란 무엇인가? 문화란 사전적 의미로는 '인간사회가 자연 상태로부터 벗어나 인류의 이상을 실현해 나가고자 하는 과정에서 얻어진 물질적·정신적, 특히 정신적 활동의 총체적 결과'를 의미한다. 문화에 대한 보다 구체적이고 잘 알려진 고전적 정의는 이미 19세기 영국의 인류학자 타일러(E. B. Tyler)가 다음과 같이 설파한 바 있다. "문화란……지식, 신념, 예술, 도덕, 법률, 관습 그리고 사회의 한 구성원으로서의 인간에 의해 습득된 기타 능력이나 관습 등의 복합적 총체이다."[1) 문화에 대한 또 다른 한 설명은 "문화란 삶의 방식의 총체"이며, "문화는 사람들의 가치관(value), 태도(attitude), 행위(behavior), 또는 사고방식(way of thinking) 그리고 행위방식(way of acting)을 규정"함과 동시에 "그 문화권의 옳고 그름을 판별하는 규범(norm)과 좋고 싫음을 구별하는 가치관(value)의 토양"이라고 정의한다.[2) 결국 어떤 한 사회나 그 사회의 구성원들에 의해 공통으로 습득된 모든 능력과 관습 등의 복합적 총체, 즉 삶의 방식의 총체가 문화라고 할 수 있다. 따라서 문화란 어떤 한 사회나 그 사회 구성원들의 가치체계, 신념체계로 이루어진 의식구조의 총합적 발현이라고도 할 수 있다. 그리고 바로 이러한 가치체계, 신념체계를 바탕으로 하는 구성원들의 의식구조에 의해서 그 사회의 성격은 물론 사회 구성원들의 성격도 규정되는 것이다.

그렇다면 이와 같이 특정한 문화의 토대가 되는 구성원들의 가치체계, 신념체계, 즉 의식구조는 어떻게 형성되는가? 그것은 바로 어느 한 국가나 민족이 원래부터 차지하고 있는 자연환경과 이들이 겪은 민족적 수난의 경험, 특히 이들의 종교적 신념 등을 통해 형성되는 것이다. 때문에 본서의 첫 장에서는 러시아와 러시아인을 이해하는 데 바탕이 되는 러시아의 인문지리적 자연환경과 역사 속의 민족적 수난 및 종교적 신념에 대해 알아보았다. 다음 장은 천년이 훨씬 넘는 러시아 역사 속에서 최고 권력자의 통치행위가 러시아인들의 의식구조와 가장 잘 맞는다고 판단되는 표트르 대제(1682~1725)와 블라디미르 푸틴 대통령(2000~2008, 2012~)의 국정운영 핵심에 대해 고찰해 보았다.

사실 본 저서는 원래 푸틴 대통령이 자신의 두 번째 임기를 수렴청정(垂簾聽政)의 실세 총리로 앉아 있을 때인 2009년 4월에 집필·출판되었다. 그러나 지난 2012년 5월 푸틴이 다시 자신의 세 번째 임기의 대통령에 취임함으로써 본 저서는 적지 않은 양의 내용을 수정·보완하여 현실에 맞게 출판하게 되었음을 밝힌다.

본서에서 통치자 이름 다음 괄호 속에 표시되는 연대는 특

별한 언급이 없는 한 재위(在位) 기간을 말하며, 그 밖의 인물
들은 생존 기간을 말한다.

러시아의 자연환경과 역사적 배경

자연환경과 의식구조의 형성

푸시킨, 도스토옙스키, 톨스토이 그리고 볼쇼이 발레와 차이코프스키의 나라 러시아! 러시아인들은 '영하 40도의 추위는 추위가 아니고, 주정 40도의 보드카는 보드카가 아니며, 400킬로미터의 거리는 거리도 아니다'라고 말하곤 한다. 필자가 1990년대 초 모스크바 대학 초빙교수로 가 있을 때 한 러시아인 친구가 좀 늦은 아침 모스크바에서 200여 킬로미터나 떨어져 있는 외할머니 댁에 금방 이웃집이나 다녀오겠다는 듯이 "잠깐 다녀와서 저녁이나 함께 하자"고 전화를 걸어온 적이 있다. 또한 "일본 열도 정도는 뚝 떼어다가 시베리아의 바이칼 호

수에 집어넣으면 알맞을 것"이라는 우스갯소리도 있다.

오늘날 러시아 연방의 전신인 '소비에트 사회주의공화국 연방(소련, U.S.S.R. CCCP)'은 그 영토가 2,220만여 제곱킬로미터로서 우리가 대국 또는 대륙이라고까지 부르는 중국에다 미국과 인도를 합한 것에 맞먹는 크기로 한반도의 100배가 넘었다.[3] 그리고 1991년 말 소련의 붕괴와 더불어 소비에트 제국의 핵심체였던 '러시아 소비에트연방 사회주의공화국(러시아 공화국, R.S.F.S.R, РСФСР)'이 러시아 연방(Russian Federation, Российская Федерация)이라는 새로운 이름으로 국제사회에 등장했다. 이것이 오늘날의 러시아인데, 이 새로운 러시아 역시 그 영토의 크기가 1,700만여 제곱킬로미터로 여전히 중국의 배에 가까운 크기에 해당한다. 그리고 이 가운데 1,350만 제곱킬로미터에 해당하는 땅이 바로 오늘날 인류의 무한한 천연자원의 보고로 드러나고 있는 한반도의 이웃, 즉 극동·시베리아 대평원이다.

이처럼 광대무변한 땅을 운명적 생활무대로 하여 살게 된 러시아인들은 처음부터 스스로의 생존을 위해 인간의 힘으로는 어쩔 수 없는 거대한 자연에 도전하기보다는, 미르(mir: '농촌공동체'라는 말로 '우주, 세계' 및 '평화'라는 의미를 동시에 갖고 있다)라는 공동운명체적 집단을 이루어 살면서 외경하는 마음으로 묵묵히 자연환경에 적응해 가는 인종과 순응의 자세를 습득하게 되었다. 바꾸어 말하면, 러시아 민족은 처음부터 자연이라는 절대자에 대해 도전이나 반항보다는 일종의 종교적 신앙심과도 같은 순종의 태도를 가지게 되었다고 할 수 있다.[4] 그래서 바로 이러한 광막한 대평원과 관련해 20세기 초 러시아의 저명한 종교철학자 니콜라이 A. 베르쟈예프(H. A. Бердяев)는 "러시아 민족은 그 영토의 무한함과 불가피한 자연환경의 힘에 의한 희생자"5)라고 적절히 지적한 바 있다. 다음은 러시아인의 혼과 자연환경 사이의 상관관계에 대한 베르쟈예프의 참으로 면밀한 고찰이다.

러시아의 혼은 러시아의 국토가 광대하고 망망하고 무한하다는 것과 일치한다. 즉, '자연지리'와 '정신지리'가 일치하는 것이다. 러시아 민족의 혼 속에는 러시아 평원과도 같은 무한성을 향해 돌진해 나아가는 힘과 광막함, 그리고 끝없음이 자리잡고 있다. 이 때문에 러시아 민족에게는 이 거대한 공간을 장악하고, 또 여기에 질서 있는 어떤 형태를 부여한다는 것은 어려웠다. 즉, 러시아 민족에게는 거대한 자연의 원시적인 힘과 비교적 약한 '형식의식'이 주어졌었다.6)

한편 이와 같은 끝없이 넓은 공간 속에서 원시적인 자연의 힘과 약한 형식의식 그리고 자연지리적 특별한 경계선의 부재에 따른 이주의 용이함 때문에 내적 통제와 자기 한계의 부재, 정형에 대한 불만족, 무한함에 대한 형이상학적 갈구가 러시아인들의 마음속에는 자유에 대한 독특한 갈망의 형태로 자리 잡게 되었다고 볼 수 있다. 그래서 이러한 의식구조의 러시아인들을 수난과 단절의 역사 속에서 효과적으로 조직해 국가와 민족의 생존을 위해 일사불란하게 한곳으로 모아 끌고 나가는 것은 역대 러시아 통치자들의 숙명적 과제가 되었다. 바로 이러한 상황논리 속에서 러시아인들은 지배자나 피지배자 모두가 초기부터 공동체 내의 문제해결을 위한 베체(vetche: '민회'라고 번역될 수 있는 일종의 사랑방모임 같은 것)라는 회의체 모임에서 의사결정 방법을 다수결이 아닌 만장일치제로 택했다. 베체의 만장일치제는 서구 의회민주주의의 모체가 되었던 그리스 아테네의 에클레시아(ecclesia, 민회)에서의 다수결제와 대비되는 것으로, 훗날 소비에트 민주주의, 즉 레닌의 민주적 중앙집중제(democratic centralism)의 모체가 되었다고 할 수 있다. 동시에 이는 또한 러시아 역사와 러시아인들의 의식구조 속에 면면히 흐르고 있는 집단주의적 중앙집권주의(collective centralism)의 근원이 되었다고 할 수 있다.(주⑯ 참조)

민족적 수난과 의식구조의 형성

러시아인들의 의식구조 형성에 인문지리적 자연환경의 측면에서 결정적 역할을 한 것은 우랄산맥과 카스피해 서북안 사이의 아시아 쪽으로 열려 있는 폭 1,300킬로미터에 달하는 커다란 공간이었다. 이 공간은 기원전 7~8세기로부터 기원후 13세기에 이르기까지 무려 2,000여 년 동안 아시아 초원지대의 호전적인 유목민 무리들이 끊임없이 더욱 풍부하고 좋은 목초지를 찾아, 또는 어떤 한 유목민족이 더 강력한 다른 유목민족에

11

게 밀리고 쫓기면서 피난처를 찾아, 동유럽 평원의 남러시아 초원지대로 쇄도해 들어오는 관문이 되었다. 그리고 이렇게 들어온 유목민족들은 한두 세기 또는 몇 세기씩 이 초원지대를 횡행하면서 슬라브족을 습격·약탈하고 주민들을 포로로 잡아 노예로 팔아넘기기까지 했다. 이처럼 남러시아 초원지대에서 침략적 유목민들이 서로 밀고 밀리는 상황은 러시아라는 나라가 862년 창건되어 몽고·타타르족의 지배 아래로 들어가는 13세기 중반까지 계속되었다.

이로 인해 러시아인들이 이민족으로부터 겪은 민족적 고통과 슬픔은 몽고·타타르족의 압제(1240~1480)를 비롯해 사상 그 유례를 찾아볼 수 없을 정도로 가혹하고 비참한 것이었다. 바로 이러한 초기 러시아인들의 수난사와 더불어 현대에 이르기까지 외침에 의한 러시아인들의 수난을 좀 더 자세히 살펴보면, 러시아인들이 왜 처음부터 공동운명체적 집단의 생활 속에서 자신들을 보호해 줄 일사불란한 중앙집권적 절대권력을 그토록 갈구했고, 그러한 과정 속에서 절대권자에게 의지하는 종교적 성향까지를 보이게 되었으며, 왜 대외혐오증적 국민정서를 가지게 되었는지를 이해할 수 있다.

흔히 수난과 단절의 역사라고 평가를 받는 러시아 역사 속에서 러시아인들이 당한 민족적 수난을 연대기적으로 살펴보면 다음과 같은 몇 가지로 대별할 수 있다. 우선 기원을 전후해 주로 아시아 쪽으로부터 몰려온 여러 유목민 무리들의 침략으로 겪은 고통이 있다. 다음은 역시 아시아로부터 몰려온 유목민족의 무리였지만 러시아 역사 전반에 걸쳐 총체적으로 영향을 끼친 몽고·타타르족의 압제가 있었으며, 이 압제의 시작과 같은 시기인 1240년에 일어났던 독일과 스웨덴의 침략이 있었다. 그 뒤, 1610년 폴란드인들의 크레믈린 침탈과 1812년 나폴레옹의 모스크바 점령, 그리고 1941년 히틀러의 소련 침략으로 이어졌다. 이들 가운데 러시아인들의 의식구조에 막대한 영향을 끼친 것은 두말할 것도 없이 몽고·타타르족의 압제였다.

초기 유목민들의 침입

러시아 민족의 기원을 이루는 고대 슬라브족은 원래 수렵과 어로를 겸한 농경·목축민족으로서 흑해 북안과 카르파티아 산맥 남단에 기원전 10세기 또는 그 이전부터 원주했었다는 것이 정설로 되어 있다. 이 슬라브족은 기원전 5세기경에 이르러 원주지의 인구가 많이 증가했다. 동시에 당시 남러시아 초원지대에 강력한 유목왕국을 건설한 스키타이족의 압박을 받아 동북쪽과 서쪽으로 밀려나기 시작했다. 이와 같은 상황은 스키타이족의 뒤를 이은 보다 강력한 이란계 유목민인 사르마트족, 그 뒤 북구(北歐)의 해양민족이었던 동고트족, 그리고 다시 호전적이고 파괴적이며 침략적인 아시아의 몽고·터키계 여러 유목민족들, 즉 훈족, 아바르족 등이 차례로 남러시아 초원지대의 지배자가 되면서 기원후 6세기에 이르기까지 무려 천여 년 동안이나 끊임없이 계속되었다.

사실 슬라브족은 처음부터 외부 이민족의 압박에 의해 점차 원주지로부터 밀려나면서 그 인구가 증가해 여러 곳으로 분산해 살게 되었다. 그 결과 지역에 따라 서쪽 비슬라 강 연안을 중심으로 정착한 서슬라브족(오늘날 폴란드), 유목민들의 침략과 약탈에 유난히 심하게 괴로움을 당하다 동북쪽의 울창한 삼림 지대로 옮겨 가 드네프르강 중류 및 돈강 계곡을 중심으로 정착한 동슬라브족(오늘날 러시아·우크라이나·백러시아) 등으로 나뉘었다. 그 후 5세기 중엽부터 6세기 중엽 사이에 이민족의 압박으로부터 어느 정도 벗어난 동·서슬라브족은 비잔틴제국의 영토까지 진출해 그 일부가 도나우 강 연안과 발칸 반도에 정착함으로써 남슬라브족을 형성했다.

이러한 초기 이민족의 침략 가운데 슬라브족에게 가장 참기 어려운 괴로움을 가한 대표적인 유목민족 중 하나가 바로 6세기 말을 전후해 남러시아를 횡행한 터키계 유목민 아바르족이었다. 기록에 의하면 "슬라브족 농민들은 아바르족을 위해 농사를 지었고" 또한 "아바르족은 슬라브족 여자들을 발가벗겨 그들이 탄 마차를 말 대신 끌게까지 했다"[7]고 한다.

몽고·타타르족의 압제

칭기즈칸의 손자인 바투 한(汗)이 1240년 당시 러시아의 수도였던 키예프를 점령한 뒤 1480년까지 240년 동안이나 계속된 몽고·타타르족의 지배가 러시아 민족의 심리형성에 끼친 영향은 참으로 막대한 것이었다. 그래서 심지어 러시아에 대한 몽고·타타르족의 지배 시기는 그 후의 러시아 역사발전에 대한 해명의 열쇠를 거의 모두 담고 있는 기간이라고까지 말할 수 있다. 동시에 러시아에 대한 몽고·타타르족의 침략과 지배가 러시아에 끼친 영향을 평가하는 데 있어서는 많은 견해의 차이가 있다. 그러나 러시아에 대한 몽고제국의 정복사업이 무서운 파괴와 학살을 동반한 커다란 불행이었으며, 이 무서운 파괴와 살상행위가 러시아인들의 의식구조 형성에 끼친 영향은 거의 절대적이었다는 사실에는 논란의 여지가 없다. 특히 비인도적이고 반인간적인 몽고·타타르족의 정복권력은 몽고제국의 창건자 칭기즈칸 특유의 신권적 군사독재를 바탕으로 하였고, 이에 따른 킵차크 한국(金帳汗國, Kipchak Khanstvo, 1243~1502)의 전제정치 유산은 러시아의 짜리[8]에게 많은 부분 그대로 옮겨지게 되었다.

온 도시민을 학살함으로써 그 자체를 하나의 무기와 같이 사용해 전 도시를 미리 공포 속으로 몰아넣었다. 수많은 고대 문화의 중심지가 거의 전부 없어졌고, 부녀자들과 아이들은 노예가 되었으며, 남자들은 다른 도시를 공략하는 최전선에 끌려 나갔다.[9]

죽은 자들을 위해 눈물을 흘릴 단 하나의 눈도 남겨지지 않았다. (중략) 많은 주민들이 항거를 벌였던 교회 안에서 불타 죽었다. (중략) 1240년 12월에 키예프는 잿더미로 화했다: 그의 비잔틴식 교회는 폐허로 변했고, 값진 예술품들은 파괴되었

으며, 성직자나 공후들의 뼈가 무덤으로부터 끌어내져서는 찢기고 불태워졌다.[10]

몽고족은 법규를 제정하고 질서를 세워서 자신들의 국가를 강대하게 만들고자 했던 방식대로 러시아를 그러모아 조직했다 (중략) 이와 같은 정책의 결과로 몽고족은 훗날 모스크바 국가사회(statehood)의 기본적 요소가 된 독재(전제)정치(autocracy), 중앙집권주의(centralism) 그리고 농노제(serfdom)를 피정복 국가에게 전수해 주었다.[11]

몽고 정복의 주된 영향은 러시아를 기독교 세계로부터 분리시켜 동양과 접하게 했다는 사실이다 (중략) 정치적으로 몽고는 러시아에 대해 중앙집권적 절대주의 압제를 강력히 실시했다; 무제한적이고 저항할 수 없는 독재전제정치(autocracy)의 의미를 담고 있는 짜리라는 칭호는 최초 러시아인들이 그들의 외국인 압제자인 칸(汗)을 칭하는 데 사용했었으며, 후에 가서야 러시아의 독립을 회복하는 데 탁월한 성공을 거둔 그들 자신의 통치자인 모스크바 대공에게 이 칭호가 옮겨졌다.[12]

결국 몽고·타타르족과 그들이 볼가 강변에 건설한 킵차크 한국은 러시아를 2세기 반 동안 서구로부터 단절시켜 사회 및 경제발전을 지연시켰을 뿐만 아니라 서구의 개인주의와 자유주의, 근대화를 촉진시킨 문예부흥과 종교개혁의 시대적 조류로부터도 러시아를 완전히 격리시켰다. 몽고·타타르족의 압제는 러시아인들의 마음속에 개인주의를 바탕으로 한 자유주의 정신 대신 중앙집권적 절대주의와 군국주의적 정서를 뿌리 깊이 심어 놓았으며, 절대권력의 세속적 지배자에 대한 복종과 순종의 자세도 주입시켜 놓았다. 동시에 엄청난 민족적 시련을 가져다 준 이민족의 압제를 통해 러시아인들은 공동운명체적 집단주의 생활을 갈구하게 되었고, 접근하는 외부 세력에 대해서는 태생적으로 항구적인 거부와 혐오감을 갖게 되었다. 바로 이러한 측면을 통해 우리는 러시아가 왜 국제무대에서 유별나게 집단안보나 유엔의 역할을 강조하고 나서는가 하는 것을 이해할 수 있다.

서구 세력의 침략

러시아 땅에 출현한 침략적인 최초의 서구 세력은 기원후 2~3세기에 발트해로부터 흑해의 서부 연안에 도달한 동고트족이었다. 당시 남러시아 지대를 횡행하던 사르마트족을 압박하면서 동시에 슬라브족을 괴롭힌 동고트족은 북구 해양민족으로서 발칸 반도와 에게해까지 진출했다. 그리고 이 침략적인 원정에 슬라브족을 강제로 편입시키기까지 했다. 그러나 결국 4세기 중엽에 이르러 남부 초원지대가 훈족에 정복당하자 동고트족은 새로운 정복자인 훈족 및 동슬라브족과 혼혈을 이루면서 세력을 상실하고 말았다.

두 번째로 러시아 땅에 나타난 서구 세력은 북게르만족의 일

파인 바랴그인(viking의 일족)이었다. 그러나 이들 해양 무사 세력은 침략 세력임과 동시에 동슬라브족에 의해 초청된 외래 지배 세력이라 할 수 있다. 앞에서도 언급하였듯이 남러시아 초원지대의 유목민들에게 밀려서 천연적인 요새를 찾아 동북 러시아의 울창한 삼림지대의 여러 지역에 부족별로 정착하게 된 동슬라브족은 원시적 가족 공동체를 사회의 기반으로 하고 있었다. 그러나 동슬라브족은 9세기 중반까지 아직 외부 이민족의 세력에 대항할 수 있을 만큼 통일되거나 독립된 민족적 힘을 갖추지 못했다. 이에 동슬라브족 족장들은 남쪽 유목민들로부터 자신들을 보호해 주고, 동시에 자신들 사이의 내분도 조정해 주도록 바랴그인의 한 수장인 류리크(Рюрик) 일파를 초청했다.

이와 같은 초청의 결과 862년 류리크가 발트해의 상업 항구 도시 '노브고로드'에 도착함으로써 시작된 러시아 국가의 역사는 최초 해양 이민족 지배 세력의 통치로부터 시작되었다고 할 수 있다.[13] 이러한 이민족 지배 세력은 당시 피지배계급이었던 동슬라브족과 통치 및 보호를 전제로 조세(일종의 조공)를 바친다는 계약관계를 이루었다. 그래서 당시 러시아의 사정은 지배계급과 피지배계급 사이에 절실한 민족적 공동운명체 의식은 결여되었고, 단순한 물질적 계약관계만 이루어지고 있었던 것이다. 따라서 이러한 상황은 훗날 지배계층이 러시아인들로 바뀐 뒤에도 피지배 국민의 정서가 바뀌지 못한 채 그들(지배계급)과 우리(피지배계급)라는 양분적 인식이 러시아인들의 마음속 깊이 자리 잡게 했다. 또한 피지배계급은 통치자가 외부의 침략 세력으로부터 나라만 잘 지켜 주면 정치적 억압이나 웬만한 생활의 고통쯤은 잘 참아 내고, 정치는 지배계급인 '그들'에게 맡긴다는 정치적 무관심의 태도를 가지게 되었다.[14]

바랴그인 다음으로 러시아를 침탈했던 서구 세력은 독일과 스웨덴이었다. 이들은 1240년을 전후해 당시 몽고·타타르족과의 전쟁으로 국력이 극도로 쇠약해진 러시아를 침략함으로써 발트해 연안과 서북 지역을 장악하고자 했다. 교황 그레고리 9세(1221~1241)도 가톨릭의 확장을 위해 이들을 지원했다. 러시아는 침략 세력을 당시 18세의 젊은 노브고로드 공후 알렉산드르 야로슬라비치(1238~1252, 이후 1252~1263 블라디미르 공국의 대공)를 중심으로 단결해 격퇴했다. 이때 네바 강에서의 승리로 그는 네프스키(Невский)라는 칭호를 얻게 되었고, 이후 독일과 스웨덴의 봉건영주들은 더 이상 러시아 땅에 대한 욕심을 갖지 않게 되었다.

러시아가 중세 이후 서구의 침략을 받은 것은 크게 세 번 있었는데, 그것은 각각 폴란드(1610), 프랑스(1812) 및 독일(1941~1945)로부터였다. 1610년 폴란드인들이 모스크바 크레믈린 침탈 후 벌인 2년여에 걸친 약탈과 만행은 러시아 역사상 '혼란 시대'(1604~1613)의 최대 비극이었다. 또한 모스크바가 깡그리 불탄 러시아의 대(對) 나폴레옹 전쟁, 그리고 레닌그라드와 스탈린그라드 공방전으로 인한 도시의 파괴는 물론 2000만이 넘는 인명 손실과 막대한 재산의 피해를 가져온 대(對) 히틀러 전쟁은 러시아 역사에 각각 조국전쟁과 대(大)조국

전쟁으로 기록될 만큼 엄청난 민족적 비극이었다. 특히 폴란드와 프랑스는 모스크바와 크레믈린을 직접 점령함으로써, 러시아인들에게 전쟁의 아픔 외에도 민족혼을 짓밟혔다는 굴욕적 충격을 안겨주었다. 왜냐하면 모스크바는 러시아가 2세기 반에 걸친 몽고·타타르족의 압제로부터 벗어날 때 민족해방운동의 중심지였을 뿐만 아니라, 1147년 민족의 영웅 유리 돌고루키가 도시를 창건한 이래 1263년부터 1712년 표트르 대제(1682~1725)가 수도를 상트 페테르부르크로 옮길 때까지, 그리고 다시 볼셰비키 혁명 직후인 1918년부터 지금까지 줄곧 러시아의 수도로서 러시아인들의 마음의 고향이자 러시아 땅의 중심지였기 때문이다. 한편 제2차 세계대전 기간 중 독일 나치의 침략으로 레닌그라드(상트 페테르부르크)와 스탈린그라드(볼고그라드) 그리고 모스크바 근교에서 벌어진 전투는 러시아인들에게 상상을 초월하는 민족적 고통과 비애를 안겨주었다. 바로 이와 같은 민족적 비극을 통해 역사적으로 누적되어 온 대외혐오증적 애국심이 러시아인들의 가슴속에 더욱 강력하게 자리 잡았다. 그리고 이와 같은 강력한 대외혐오증적 애국심은 결국 국가와 민족의 생존을 위해 러시아인들이 강력한 한 지도자를 정점으로 더욱 일사불란하게 뭉치는 계기가 되었다.

기독교의 수용과 의식구조의 형성

러시아는 천년이 넘는 기독교 국가였으며, 전통적으로 러시아의 통치자들은 기독교 군주였다. 서기 988년 비잔틴제국, 즉 동로마제국으로부터 정교회(orthodox church)가 러시아 땅에 정식 국교로 들어와 러시아와 러시아인들의 마음속에 심어 준 것은 세속 황제가 교황권까지 장악한다는 이른바 황제교황주의(casaropapismus), 구원주의, 형제애를 바탕으로 한 평등주의 등의 사상이었다. 그리고 이러한 사상들은 러시아인의 의식구조 형성에 절대적인 영향을 끼쳤으며, 러시아의 온 역사를 통해, 특히 나라가 위기에 처했을 때 러시아인들의 애국주의적 국민감정의 모습 속에서 강렬히 표출되곤 했다.[15)]

러시아가 최초로 비잔티움과 관계를 맺은 것은 6세기 경으로 기록되어 있다. 그러나 이는 어떤 문화교류나 교역에 의한 상호협력적인 접촉이라기보다는 비잔틴제국이 자신들의 변방을 괴롭히는 슬라브족을 토벌·회유하는 정도의 수준에 지나지 않았다. 러시아가 비잔티움과 국가적 차원에서 정상적인 교류를 가지고, 제국으로부터 정치·경제·사회·문화·종교적으로 본격적인 영향을 받은 것은 키예프의 대공 올레그(872~912)가 911년 비잔티움과 통상조약을 체결하면서부터다. 그의 후계자 이고리(912~945)가 941년 비잔티움을 원정하고, 944년 재차 통상조약을 체결함으로써 양국 간의 관계는 보다 더 발전했다. 그 후 이고리의 아내로서 남편의 뒤를 이은 올리가 여공(945~964)은 957년 비잔티움을 방문해 콘스탄티누스 7세의 극진한 대접을 받고, 944년의 통상조약을 확인한 후 정교도로 세례를 받기까지 했다. 올리가와 스뱌또슬라프(964~972), 야로

21

뽈크(972~978)의 뒤를 이어 키예프의 공후가 된 블라디미르 대공(978~1015)은 원정과 정복의 통치자 스뱌또슬라프의 위업을 바탕으로 국가의 기반을 확고히 다짐과 동시에 988년 기독교를 국교로 채택해 정치·사회·문화적인 측면에서 나라의 대내외적 위상을 더욱 강화하는 역사적 계기를 마련했다. 즉, 블라디미르 대공에 의한 위로부터의 강제적 그리고 전 국민적인 그리스정교의 수용은 러시아의 최고지도자가 비잔틴제국의 황제권신수설과 황제교황주의적 통치이념, 그리고 기독교의 구원주의 사상을 러시아에 공식 도입했음을 의미했다. 이로써 사실상 비잔틴제국의 제정일치적 황제교황주의가 러시아 땅에 발을 붙였고, 이는 러시아 최고통치권자의 집단주의를 바탕으로 한 중앙집권적 통치권 강화의 중요한 계기가 되었다.

또한 블라디미르 대공의 기독교 수용은 소수 귀족사회에도 커다란 영향을 주었다. 귀족계급은 통치자 블라디미르 못지않게 열성적으로 새로운 종교를 받아들임으로써 야만 상태에서 벗어나 문명세계의 일원이 되고자 했으며, 동시에 자신들의 권력을 유지·강화하고 보호받기 위해 최고 권력에 밀착하면서 기독교를 서둘러 수용했다. 반면에 국민의 절대다수를 차지하고 있는 하층계급은 오랫동안 이교적인 자연신 및 조상신 숭배를 비롯한 갖가지 토속신앙에 젖어 있어서 처음에는 쉽게 새로운 신앙을 받아들이려고 하지 않았다. 그러나 결국 역사적 수난을 겪은 러시아인들은 현세의 고통을 통해 내세를 확실하게 보장해 준다는 정교회의 구원주의 사상에 급속히 빠져들었다. 그 결과 그리스정교에 러시아의 토속신앙이 자연스럽게 융합된 러시아정교를 형성해 나가게 되었다. 그러면서 점차적으로 러시아인은 현실 국가의 최고 통치자가 비잔틴제국에서처럼 교회권을 군주권의 하위에 두고 세속권까지 장악하고 있는 하느님의 대리자이며 절대적 지배자라고 믿게 되었다. 그리고 이러한 국민적 정서의 바탕 위에 이루어진 교회와 국가와의 관계는 국가 우위의 상호보완적 관계를 형성하였으며, 이러한 관계는 키예프 시대는 물론 그 뒤의 러시아 역사 속에서도 전통적인 것이 되었다.

이 밖에도 정교회는 여러 차례에 걸친 이민족들에 의한 러시아인들의 수난사 속에서 그들의 가장 큰 정신적 시주이자 피난처가 되었다. 키예프 러시아가 1240년 몽고·타타르족에 의해 마지막 점령당하는 순간을 맞이할 때까지 러시아인들을 형제애로 한데 묶어 준 것은 정교회라는 신앙이었다. 또 훗날 러시아가 몽고·타타르족의 압제를 견디어 내고 또한 이로부터 벗어날 수 있었던 정신적 힘의 근원이 된 것도 정교회라는 신앙을 통한 내세 지향적 구원주의 사상이었다. 특히 키예프의 위광이 사라진 후 알렉산드르 네프스키는 러시아의 중심지가 노브고로드, 수즈달리, 블라디미르 등으로 분산·이동되어있던 시기에 노브고로드의 공후(1238~1252)로서 깊은 신앙심을 바탕으로 러시아를 서구의 침략자들로부터 구해냈다. 또한 블라디미르의 대공(1252~1263)이 되어서는 몽고·타타르족의 압제를 지혜로운 정세판단과 기독교적 수난과 겸손의 자세로 맞붙어 싸우지 않고 견디어 냄으로써 러시아의 종국적 파멸을 막았다. 결국 이상과 같은 통치자나 일반 국민들의 황제교황주의와 구원주의 사상, 형제애를 바탕으로 한 평등주의 등 국민들의 기독교적 정서와 신념이 수난과 단절의 러시아 역사 속에서 끊어지지 않고 면면히 이어지는 러시아혼(魂)의 근거가 되고 있는 것이다. 러시아 역사는 키예프 시대(862~1240)로부터 시작해 모스크바 공국 시대(1263~1547), 모스크바 왕국 시대(1547~1721), 제정 러시아 시대(1721~1917)를 거쳐 소비에트 러시아 시대(1917~1991)와 오늘날의 신생 러시아연방 시대(1992~)에 이르기까지 상호 보완적이기는 하나 교회가 줄곧 국가의 보호를 받아 왔다. 특히 제정 러시아와 소비에트 러시아 시대에 이르러서는 교회가 국가에 예속되는 세속권 우위의 황제교황주의적 모습을 확연하게 보여 주고 있다. 오늘날의 러시아연방 시대에 와서도 크레믈린의 중요한 확대 국무회의에서 최고 통치권자들인 옐친, 메드베데프, 푸틴 등의 좌측 옆자리에 국무총리가, 우측 옆자리에는 러시아 정교회의 수장인 총대주교가 앉아 있는 모습을 볼 수 있다. 또한 역대 대통령들이 취임 직후 바로 총대주교 주교좌를 예방하는 것이나 대통령의 연방의회에 대한 연차교서 연설 때도 맨 앞줄 중앙에 총대주교가 총리 및 상하 양원 의장과 더불어 나란히 앉아 있는 것만 보아도 오늘날 러시아 연방에서의 국가와 교회와의 관계를 그 역사적 의미와 함께 헤아려 볼 수 있다.

지금까지 고찰한 바와 같이 러시아인들의 의식구조의 매우 중요한 부분들은 바로 그들에게 주어진 자연환경 및 그들이 겪은 민족적 수난과 기독교 수용을 통해 확정되었다. 광대하고 가혹한 자연환경은 러시아인들로 하여금 자연에 대한 외경심과 인종하는 자세를, 동시에 자연 창조의 절대자에 대한 순종의 마음을 갖게 했다. 그리고 240여 년 동안 몽고·타타르족의 압제로 대표되는 이민족에 의한 민족적 수난은 세속의 강력한 지배자에 대한 의지와 절대적 복종의 자세를, 나아가 외부 세력의 접근에 대해서는 항구적인 거부 내지는 대외 혐오증적 애국심을 갖게 했다. 역사 초기 지배자의 통치 이데올로기로서 수용된 정교회의 황제교황주의는 강력한 중앙집권적 통치권의 형성과 통치권자에 대해 피지배자들이 의지하고 절대적 복종의 자세를 가지는 데 결정적인 역할을 했다. 그리고 정교회의 구원주의 사상을 통해 러시아인들은 현세의 고통을 묵묵히 견디어 내는 인내심을 갖게 되었다. 결국 이 모든 것은 러시아인들로 하여금 어떤 상황에 부딪혔을 때 생존 그 자체를 위해 일사불란하게 대처한다는 공동운명체적 집단주의(collectivism)와 이를 실현시켜 나가기 위한 통치권자의 중앙집권적 절대권력을 중심으로 한 만장일치제적 일사불란한 집권주의(centralism)를 갈망케 하였다. 따라서 러시아인들의 의식구조에는 집단주의와 집권주의라는 두 가지 요소가 뿌리 깊이 자리 잡게 되었다.[16]

　그러면 이제 러시아인들의 의식구조 형성의 이 두 가지 핵심적 요소, 즉 집단주의와 집권주의와 관련해, 천년(千年) 러시아 역사상 가장 위대했던 개혁의 황제 표트르 대제와 구소련 붕괴 후 나락으로 떨어진 러시아를 오늘날 국제무대의 강자로 다시 부활시킴으로써 21세기의 짜리 또는 21세기의 표트르 대제를 꿈꾸고 있다는 푸틴 대통령의 국정운영에 대해 고찰해 보자. 그리고 이를 통해 러시아와 러시아인들의 세계를 가늠해 보기로 한다.

표트르 대제와 러시아

어느 나라나 그 역사를 보면 크게 어려운 고비들이 있기 마련이다. 그런 경우 그 나라는 그 어려운 고비들을 주어진 시대적 상황과 요구에 부응하면서 개혁을 통해 발전적으로 헤쳐 나가거나, 아니면 반동적으로 되어 후퇴하다가 혁명을 자초한다. 바로 이러한 역사적 갈림길에서 국가의 최고 통치자가 어떻게 국정을 운영해 나가느냐 하는 것이 국가와 민족의 운명에 결정적 역할을 한다는 것은 재론의 여지가 없다. 따라서 그 주어진 역사 속에서 나타나고 있는 최고 통치자의 개혁정책을 고찰·평가해 봄으로써 우리는 해당 국가의 현재는 물론 앞으로 나아가는 모습까지도 전망해 볼 수 있다.

흔히 러시아 역사를 수난과 단절의 역사라고 함은 이미 앞에서 살펴본 바와 같다. 이러한 수난과 단절의 역사 속에서 러시아는 9세기 중엽 국가가 창건된 이후 13세기 중엽부터 18세기 초 표트르 대제(표트르 1세, 1682~1725) 시기까지 그리고 다시 1917년 10월 혁명부터 1991년 말 소련 붕괴 시기까지 외부 세계와 철저하게 단절되어 있었다. 또한 러시아는 격동의 역사 속에서 세 차례에 걸쳐 결정적인 개혁의 고비를 겪었는데, 그것은 바로 표트르 대제, 알렉산드르 2세(1855~1881), 고르바초프(1985~1991)의 개혁 등이다. 그리고 이 세 개혁들은 바로 1917년 10월의 볼셰비키 혁명 및 1991년 말의 소련 붕괴와 직·간접으로 인과의 관계에 있다. 러시아 역사의 고비마다 전개되었던 개혁들의 인과관계를 집단주의와 집권주의의 맥락 속에서 비교·고찰해 보았을 때 우리는 러시아의 현재를 더 잘 이해할 수 있다. 그리고 이를 바탕으로 앞으로 러시아에서 전개될 수 있는 개혁의 모습까지도 전망해 볼 수 있다. 특히 표트르 대제의 개혁은 오늘날 러시아를 강국으로 부활시킨 푸틴의 개혁과 비교된다. 당연히 러시아와 러시아인에 대한 이해를 위해 맨 먼저 고찰되어야 할 주제이다.

표트르의 성격이나 그의 유년기 및 청년기에 대한 이야기는 매우 풍부하다. 그는 7피트가 넘는 장대한 체격에다 엄청난 힘과 에너지를 지녔으며, 끊임없이 쉬지 않고 움직였다. 항상 지적 호기심에 충만해 있었으며, 재빨리 문제의 핵심을 파악하고, 일단 결정한 문제에 대해서는 굽힘 없는 의지, 단호함 그리고 성실성으로 주위를 감동시켰다. 최악의 패배 후에도 그는 재빨리 힘을 회복했으며, 모든 장애물들을 보다 더 많은 노력과 성취의 기회로 삼았다. 그러나 때로 그는 난폭한 성미에다 우악스러움, 잔인한 성격까지도 드러냈다. 치과 의사의 역할, 사형 집행인의 역할도 할 수 있었으며, 술을 좋아하고, 색을 밝히고 불경스럽기까지도 했다. 이러한 표트르의 성격은 그가 절대권에 의한 위로부터의 국가개혁을 단행할 때 유감없이 발휘되었다. 그는 정적은 물론 반개혁 세력들에 대해서 잔혹할 정도로 무자비했으며, 자신의 아들까지도 죽게 만들었다. 그러자 민중들 사이에서는 그가 '적그리스도(antichrist)'라는 소문까지 떠돌았다.

표트르는 어린 시절 조숙한 아이기는 했지만 체계적인 교육을 받지 못하고 읽고 쓰는 것만 겨우 배웠다. 그 대신에 그는 아주 어릴 때부터 혼자 힘으로 어려움을 극복하고 또 호기심을 풀어 나갔다. 특히 소년병을 결성해 병정놀이에 열중했다. 이러한 전투놀이는 훗날 진짜 군대 운용의 토대가 되었고, 이 소년병들을 주축으로 근위연대의 편성이 이루어졌다. 그리고 자주 정보와 지식을 얻기 위해 외국인 구역을 방문해 다양한 전문가들을 만나고, 이들을 통해 육군과 해군의 문제들, 기하학, 요새의 축성 등에 관해 배우고, 또한 서유럽의 분위기를 느끼고자 했다.

표트르는 1682년 10세의 소년으로 병약하고 무능한 그의 이복형 이반 5세(1682~1696)와 공동으로 제위(帝位)에 올랐으나 1689년까지는 이복 누나인 소피야가 섭정을 했다. 모반으로 노보제비치 수도원에 유폐당한 소피야에 뒤이어 1694년까지는 어머니인 마리야 나르이쉬끼나가 섭정을 하였다. 이 때문에 표트르는 1694년 이후에야 실질적으로 통치를 하기 시작하였고, 1696년 이반 황제가 죽은 다음에야 유일의 통치자가 되었다. 어머니의 죽음으로 1694년 실권을 장악한 표트르 1세가 행한 최초의 국가 중대사는 터키와의 전쟁이었다. 크림 반도의 타타르인들을 보호하고 흑해로의 진출을 도모하기 위해 1695년 아조프 원정을 시도했으나 실패하고 말았다. 이 원정의 실패로 해군의 필요성을 절감한 표트르는 정규 해군을 창설하고 함대를 재정비하면서 착실한 준비를 한 끝에 1696년 5월 다시 육지와 바다에서 동시에 아조프 요새를 공략하여 이를 장악할 수 있었다. 그는 계속 터키와 전쟁을 하여 흑해를 완전히 장악하고, 다시 서유럽으로 진출하기 위해 발트해까지를 손에 넣고자 했다. 그래서 더욱 강력한 해군을 육성하기 위해 많은 젊은이들을 네덜란드, 이탈리아, 영국 등으로 보내서 조선술과 항해술을 공부하도록 했다. 당시 러시아는 터키 및 발트해를 장악하고 있는 스웨덴과 일전을 벌이기 위해 함께 전쟁을 치를 동맹국이 필요하기도 했다. 결국 표트르 1세는 대사절단(large embassy)을 조직해 스스로 이들과 함께 서유럽 국가들을 방문했다. 이는 직접 서구사회의 진보적인 학문과 각종 기술들을 습득하고, 러시아의 대외 진출을 위한 국제정세의 파악과 동맹국들을 찾아보기 위함이었다.

약 250명으로 이루어진 사절단은 1697년 3월 모스크바를 출발했다. 짜리는 신분을 감추고 이 사절단의 평범한 일원으로 참가했다. 그러나 그의 유별난 외모와 자연스럽게 표출된 절대 군주로서의 모습은 어느 누구나 그가 금방 짜리 표트르라는 것을 알아보게 했다. 표트르는 외교와 국가적 문제들에 관한 많은 중요한 회담들을 주도했으며, 무엇보다도 서유럽에서 많은 것을 배우고자 최선을 다했다. 특히 항해술과 조선술에 가장 큰 관심을 가졌으며, 유럽 전체의 생활을 이해하고 이를 받아들이고자 노력했다. 동시에 최초의 의도대로 국제정세를 파악하고자 하면서 터키에 대항하기 위한 동맹국을 찾아보았으나 유럽의 여러 나라들로부터 호응을 얻지 못하고 서구 순방 18개월 만인 1698년 8월 급거 귀국길에 오르지 않을 수 없었다. 당시 그는 좀 더 여행을 하며 견문을 넓히고자 하였으나 황태자 알렉세이를 앞세운 궁정 친위대의 반란 소식 때문이었다. 그러나 표트르는 서유럽 순방을 통해 많은 외국인 전문가, 학자, 기술자, 특히 네덜란드인들을 러시아에서 일하도록 초청했다. 이러한 초청은 그 뒤 그의 집권 및 개혁정책 기간 동안 줄곧 계속되었다. 표트르는 귀국하자마자 절대권을 확고하게 장악·강화하고 본격적인 개혁사업에 착수했다.

표트르 사절단의 서유럽 순방은 러시아의 개혁과 강력한 해군 건설에는 획기적인 도움을 주었으나, 대(對) 터키 연합세력을 구축하는 데는 실패했다. 유럽 세력들은 당시 막강한 터키, 즉 오스만제국(1299~1922)에 대항해 나서는 것을 원하지 않았기 때문이다. 그러나 표트르는 지속적으로 흑해 진출을 도모해 아조프와 타간로그를 획득했다. 1700년 7월에는 콘스탄티

31

노플에서 터키와 강화조약을 체결하고, 그런 다음 같은 해 8월 발트해로의 진출을 위해 당시 이 바다를 장악하고 있던 스웨덴에 선전포고를 했다. 이로써 러시아는 이미 같은 해 1월 스웨덴에 선전포고를 한 삭소니와 폴란드의 지배자 아우구스투스 2세와 손을 잡고 이른바 북방전쟁(1700~1721)에 착수했다. 북방전쟁에서 러시아가 최종적인 승리를 하긴 했지만 사실 이 전쟁은 그 시작부터 매우 어려운 것이었다. 우선 1700년 11월 나르바 전투에서 병력 수나 주변 상황이 자신들보다 훨씬 열세였던 스웨덴에 참패함으로써 러시아는 발트해로의 진출을 저지당함은 물론 민족적 굴욕감을 맛보았다. 이 전투에서 러시아의 구식 기병대와 비정규병들은 싸우지도 않고 달아났다. 새로 징집된 보병대는 훈련받지 못한 민병보다도 못하고 외국인 장교들은 무능하고 믿을 수 없었다. 이런 러시아군을 앞에 두고 결국 스웨덴의 카를 12세는 자만과 방심을 하게 되었다. 반면, 표트르는 집권 초기 아조프 해에서 체험한 실패의 교훈을 되새기고 국정의 모든 분야에 대한 대대적인 개혁에 나섰다. 특히 나르바 패배 후 1년 안에 새롭게 포병대를 창설하는 등 군대를 강화했다. 징병·행정·재정, 그 밖의 다른 모든 것들을 일사불란하게 총동원해 전쟁준비를 했으며, 심지어 교회의 종들까지 징발해 녹여서 대포로 만들었다.

이렇게 재건·강화된 러시아 군대는 점차 스웨덴을 압박해 1701~1702년 사이에 핀란드 만까지 진출했고, 동시에 표트르 대제는 '발트함대'를 창설해 이들이 육군과 공동으로 작전

을 펴게 했다. 또한 전쟁 기간 중인 1703년에는 전략적으로 요
새도시 상트 페테르부르크(훗날 '유럽을 향한 창(窓)'이라고 불림.
1713년 러시아의 수도를 이곳으로 옮겼다.)를 네바 강변에 건
설했다. 이러한 적극적인 전쟁수행으로 백성들은 새 수도 건
설 및 전비 조달을 위해 가혹한 부역과 세금을 짊어지게 되었
으며, 그 결과 돈강의 카자크인들을 필두로 한 여러 불만세력
들이 반란을 일으켜 나라 사정이 불안하고 어려워지기도 했
다. 그러나 표트르는 강력한 통치권을 발휘해 국정을 안정시키
고 1709년 7월 자신이 직접 지휘한 폴타바 전투에서 스웨덴군
을 결정적으로 궤멸시킴으로써 북방전쟁에서의 승리를 확실하
게 보장받을 수 있는 계기를 마련했다. 물론 폴타바 승리 이후
러시아의 팽창에 긴장한 프랑스와 스웨덴의 충동질로 1710년
터키가 러시아에 선전포고를 해서 러시아는 한때 극도의 위
기를 맞이하기도 했다. 그러나 표트르는 우선 강화조약으로
큰 어려움을 넘기고 나서부터 계속 성공적으로 전과를 거두
어 1713~1714년 사이에는 핀란드의 대부분을 점령했다. 반면
에 스웨덴의 카를 12세는 1718년 12월 노르웨이에서 있었던
한 조그마한 전투에서 전사하고, 그의 뒤를 이은 프레데릭 1세
는 스웨덴의 본토까지 압박해 들어오는 표트르의 군대에 견디
지 못해 패배를 자인하면서 결국 1721년 8월 러시아와 뉘스타
트 조약을 체결했다. 이로써 표트르는 북방전쟁에서 최후의 승
리자가 되었고, 그 결과 발트해는 러시아의 수중으로 들어왔으
며, 동시에 러시아는 유럽 열강의 대열에 들어섰다. 그리고 표

트르는 1721년 원로원의 결정에 따라 조국의 아버지로서 황제(Emperor)라는 칭호를 부여받고, 동시에 러시아는 제국(Empire)으로 선포되었다.

이처럼 20년이 넘게 계속된 북방전쟁 도중에 표트르는 국가경영을 위해 정치·경제·사회·문화 등 모든 분야에서 적극적인 개혁을 단행하면서 군주의 절대권을 강화했다. 특히 그는 실질적 통치 기간 동안 무엇보다도 먼저 군사개혁과 행정개혁을 통해 절대군주제의 근간이 되는 상비군을 창설하고 관료제를 정비했다. 1711년에는 귀족회의를 폐지하고 원로원을 창설했으며, 1718년에는 행정개혁을, 1721년에는 총주교제를 폐지하고 종무원(宗務院)을 설치하는 교회개혁을 단행했다. 그 후 1722년에는 관료제를 재정비했다. 1724년에는 인두세(人頭稅)를 실시함으로써 농노제를 확실하게 정착시켰지만, 농민들의 상태를 더욱 어렵게 만들었다. 그러다가 1725년 1월 53세를 일기로 파란만장한 생애를 마쳤다. 표트르는 17세기 후반에 등장하였으나, 실권을 잡고서 통치를 시작한 것은 17세기 말에 이르러서였고, 국가와 절대권 강화를 위해 본격적으로 개혁을 단행한 것은 18세기 1/4분기 동안의 통치권이 일사불란하게 작동됐던 북방전쟁 기간이었다.

표트르 대제의 개혁

아직 어린 나이에 간난(艱難)과 신산(辛酸)의 17세기 후반을 겪고 난 표트르는 러시아를 서구와 연결시킴으로써 조국을 근대화하고자 했다. 그래서 서유럽으로 진출하는 통로인 발트해를 장악하기 위한 북방전쟁을 수행했다. 그리고 이 전쟁수행에 합당한, 꼭 전쟁과 직접적인 관계가 없다고 하더라도 이러한 역사적 흐름에 보조를 맞추어야만 하는 제반 개혁에 착수했다. 특히 군사개혁과 산업개혁, 행정개혁 그리고 신성종무원(神聖宗務院, 1721~1917)의 창설을 통한 교회개혁이 가장 중요하게 이루어졌다. 이들 개혁은 모두 러시아 중앙집권주의의 발달, 즉 표트르의 절대적 중앙집권주의의 확립에 결정적인 역할을 했다. 왜냐하면 표트르는 중앙집권화된 절대권력에 의해서만이 개혁이 가능하다고 믿었기 때문이다. 그리고 이러한 표트르의 통치는 러시아인들의 태생적 의식구조의 핵심요인인 집단주의와 집권주의의 묵시적 동의를 바탕으로 한 것이어서 흔들림 없이 일사불란한 것이었다.

군사개혁

표트르의 개혁을 유인한 것은 역사진행이 요구하는 필연성이자 당위성이었다. 이러한 역사적 당위성에 대한 국가주의자이자 절대주의자인 표트르의 해결방식은 우선 발트해를 따라 대서양으로 진출해 서구와 교류하고, 선진 서유럽을 모델로 조국을 근대화시킴으로써 강성대국을 건설하는 것이었다. 따라서 그는 발트해로 나가기 위해 스웨덴과 전쟁을 벌였으며, 이 전쟁을 성공적으로 수행하기 위해 매우 급진적으로 군사개혁을 단행했다. 이처럼 표트르 대제의 군사개혁은 스웨덴과의 전쟁이 가장 직접적인 원인이 되었다. 물론 흑해를 장악하고, 이를 통해 지중해, 인도양으로까지 진출하고자 한 대제의 야망 역시 그가 군사개혁을 추구한 주요 원인이었다.

표트르의 군사개혁 조치들은 서유럽을 모방하면서 급진적이고 지속적으로 이루어졌다. 사실 표트르 대제 이전의 러시아 통치자들도 군대를 가지고 있었지만 당시 서유럽 열강의 군대에 비해서는 그 조직이 매우 빈약하고, 기술이 부족해 상대적으로 질이 낮았다. 그 군대는 싸움을 위해 모였다가 싸움이 끝나면 곧 해산되곤 했었다. 그러나 이들 군대는 점차적으로 서유럽인 장교들과 전문가들을 영입해 정규군 성격을 띠기 시작했다. 이 과정에서 나타난 것이 이반 4세 때 창설된 궁정 근위대 성격의 소총병(화기로 무장된 최초의 러시아 상비군)이다. 그러나 이들은 모스크바에 주둔해 있으면서도 여전히 다양한 직업에 종사했으며, 기껏해야 반(半)전문적인 군대의 성격을 띠었다. 그러면서도 이들은 자주 정치적인 권력다툼에 끼어들었고, 훗날 표트르에 의해 크게 처벌을 받은 뒤 해산 당하고 말았다. 표트르는 실질적 집권 초기인 1704년 이전에 벌써 일반 징병제도를 만들고 군대를 재편성함으로써 근대화를 향한 군사개혁을 단행했다. 특히 모스크바 국가 형성 이래로 줄곧 군역(軍役)을 담당해 왔던 귀족들의 의무는 훨씬 더 효과적으로 강화되었으며, 이들은 평생토록 자신들의 연대와 함께 머물러야 했다. 또한 특별한 임무가 주어진 성직자, 상인조합의 구성원들을 제외한 모든 계급들이 징병의 의무를 지게 되었다. 동시에 한 번 징집된 병사는 가족과 직업으로부터 떨어져 평생토록 복무케 했다. 이들의 복무 기간은 18세기 마지막 10년을 남기고서야 겨우 25년으로 줄어들었다.

한편 대규모의 군대를 확보한 뒤에 표트르는 계속해서 군대를 근대화시켜 나갔다. 그는 자신이 직접 새로운 군사교범을 소개했고, 무기의 조작법부터 각급 단위의 부대 지휘에 이르기까지 모든 부분을 새로운 방향에서 습득하도록 노력했다. 그리고 귀족이나 농노나 징병된 사람은 모두가 똑같이 밑바닥부터 정확히 자신의 실력이 보장해 주는 만큼 빠르게 그리고 높이 승진하도록 했다. 특히 군사 편제상의 중대한 변화들에는 정예 근위연대를 포함한 수많은 정규연대의 창설, 화승총과 총검의 채택 등이 획기적이었다. 또한 포위공격 기능의 중포병대와 보병과 기병이 나란히 전투에 참가하는 경포병대도 발전시켰다. 이와 같이 개선된 러시아 군대는 그의 통치 말기에 이르러 육군 정규군의 수 21만 명에다, 카자크인 군사조직이 10만에 달했다. 그리고 "육군의 경우보다 훨씬 더 크게 러시아 해군은 표트르 대제의 창작품이었다. 강력한 해군은 진정으로 그의 열망 중의 하나였다. 그는 무(無)에서부터−정확히 말하자면, 시대에 뒤떨어진 유형의 배 한 척으로부터−시작해 자신의 계승자에게 28,000명이 복무하는 48개의 큰 전함과 787개의 작은 전함과 보조 전함들을 남겨 주었다."[17] 당시 영국은 러시아의 배들을 같은 급에서 가장 훌륭한 영국의 배들과 비견될 만한 것으로 보았다. 그래서 영국 정부는 러시아 해군의 갑작스런 부상을 크게 우려해 러시아에서 일하는 영국 사람들을 불러들이기까지 했다. 한마디로 이 모든 군사개혁은 표트르가 거국적으로 막강한 상비군을 창설했음을 말해 주는 것이다. 그리고 상비군의 창설은 표트르의 절대권 확립에 관료제 정비 및 교회개혁과 더불어 결정적인 역할을 했다.

산업개혁[18]

표트르 대제 이전의 러시아 산업은 그 발전이 완만해 수공업이나 가내공업 수준을 벗어나지 못했다. 1698년 서유럽 순방을 마친 표트르는 먼저 군수산업 육성에 착수해 화포·화약·소총 공장을 세웠다. 또한 마구(馬具)와 군화 생산을 위해 피혁공장을 세웠으며, 군복을 제조하는 방직공장과 조선소까지 건설했다. 폴타바 전투 이후 군수품 수요가 감소하자 군수산업에 집중하던 힘을 러시아 경제발전과 국민생활 수준 향상 분야로 돌리고 중상주의 정책을 강력히 실시했다. 특히 국내산업을 적극 장려해 재정 유출과 수입을 대폭 감소시키는 한편 세금 징수의 원천을 확대했다. 동시에 외국 제품에는 두 배의 세금을 부과, 국내 제조 산업을 보호·육성해 나가기도 했다. 그러나 당시 러시아 귀족들은 어떠한 종류의 무역이나 산업 장려책도 못마땅하게 생각했다. 그래서 표트르는 강권을 발동하기도 하고 설득하기도 하면서 무역과 산업에 종사하는 것은 군대나 관리직에 종사하는 것과 조금도 다를 바 없이 국가를 위해 봉사하는 영광된 일이라고 역설했다. 한편 정부는 다수의 직물공장을 건설해 일반 상인들로 하여금 운영하도록 하고, 추후 공장 건설비를 상환케 하는 배려를 했다.

표트르의 산업진흥 정책 실시 기간 중 국가와 사기업 간에 생산적인 협조관계가 잘 이루어진 분야는 광산업과 중공업이었다. 당시 러시아에는 약 20여 개의 국영 및 민영 제철공장이 있었으며, 표트르는 일찍부터 자원개발에 역점을 두었다. 폴타바 전쟁 후 대제는 광맥 시추자들을 우랄산맥 곳곳에 파견해 새로운 광맥을 찾아내도록 했다. 그 결과 순도 높은 광석이 풍부하게 발견되었으며, 예까쩨린부르그를 중심으로 거대한 광공업 단지가 건설되었다. 또한 표트르는 자원의 이동과 산업개발에 따른 효과적인 물류관리를 위해 상선단과 운하의 건설을 시도했다. 당시 대제는 러시아 상선이 러시아의 생산품을 싣고 서유럽으로 진출하기를 기대했으나 서유럽 해양 국가들의 견제로 기대만큼 이루지는 못했다. 그러나 국내 물류관리에 필수적이라고 여겼던 운하건설만큼은 성공적으로 이루어졌다. 그리고 그가 원하는 대로 내륙의 강들은 남과 북, 동과 서로 연결되어서 원료와 상품의 유통을 원활하게 했다. 그 결과 표트르에 의해 시작된 운하는 오늘날까지도 러시아 상업의 대동맥을 형성하고 있으며, 이 운하로 인해 대형 선박들이 흑해와 카스피해는 물론 발트해 및 백해를 왕래하면서 러시아 경제에 활력을 불어넣어 주고 있다.

그렇지만 산업개발, 운하건설, 그리고 또 전쟁수행을 위해서는 백성들의 막대한 육체적 희생과 재정적 부담이 요구되었다. 상업이 번성하고 산업 활동이 활발해져서 세입원이 확대되기는 했지만, 여전히 태반이 부족한 재원을 조달하기 위해 보다 많은 세금을 부과할 수밖에 없었다. 주민들의 전통적 기본세금인 가구 수에 의한 거주세를 1724년 사람의 머릿수에 의한 인두세로 대체했다. 많은 국민들이 군대나 운하건설, 조선소 및 공장건설에 동원되면서 가구 수가 줄었기 때문이다. 또 세금을 피하기 위해 귀족 및 농민들이 가구 수를 조사하는 세리에게 뇌물을 주는 관행이 만연하자 인구조사를 철저히 해 인두세로 세수를 확보하고자 했다. 이와 같은 인두세의 징수는 재정문제를 해결해 주기는 했지만 결과적으로 농민들에게는 커다란 부담을 주었으며, 농민들을 농지에 고정시킴으로써 농노제를 강화하는 결과를 초래했다. 하지만 인두세를 근간으로 한 조세정책은 국가 강화를 위해서는 성공적이었다. 그래서 "황제가 죽었을 때 러시아 정부는 한 푼의 외채도 없었다. 외국의 원조나 차관을 조금도 들이지 않고도 21년 동안의 전쟁을 치렀고, 거대한 함대를 창설했으며, 새로운 수도를 건설하였고, 새로운 항구와 운하를 건설했다. 그렇지만 당시 국민에게는 아주 무거운 짐을 지게 했다."[19] 이로써 또한 제국 러시아에서 지배자와 피지배자 사이의 간격은 더욱 깊어지고 멀어지게 되었다.

행정개혁[20]

주지하다시피 표트르 1세는 모스크바 국가의 짜리이자 기독교(정교회) 전제군주로서 제위에 올랐다. 스스로 모스크바 전통의 군주권신수설에 의한 '아버지-황제'의 전제정치를 믿었다. 여기에다 지배자와 피지배 국민들 간의 관계들에 대해 서구식 절대군주 정치의 통치 이데올로기를 접목했다. 그것이 바로 상비군 창설과 행정개혁을 통한 관료제의 정비였고, 이에 따른 절대군주제의 확립이었다. 대제는 모스크바 국가에서 절대권력에 방해되는 모든 전통적 장애물들을 제거하고자 했으며, 이를 가장 상징적으로 잘 보여 주는 사실이 자신의 칭호를 모스크바 식인 '짜리'에서 1721년 서구식 최고 통치자의 칭호인 '임페라토르'로 바꾼 것이다.

표트르가 모스크바적 전통을 청산하고 서구식 새로운 정부기관을 창설하면서 수행한 행정개혁의 가장 주된 모습은 우선 짜리가 절대권을 행사하는 데 거추장스럽고 때로는 방해가 되는 '귀족회의'나 '전국회의(일종의 '계급대표자 회의')'의 소집을 중단한 것이었다. 대신에 1711년 원로원을 창설해 국가의 모든 사법·재정·행정 업무를 지휘·감독케 했다. 처음에는 짜리의 부재기간만을 위해 설립되었던 원로원이 점차 상설기관으로 바뀌었고, 여러 부속기관을 거느리고 짜리의 명을 받은 원로원 사무총장이 실권을 행사했다. 또한 표트르는 1717년 서로 업무가 중첩되고 다루기 어려웠던 중앙 부처들의 명칭을 '쁘리까즈(Приказ, Order)'에서 '꼴례기야(Коллегия, College)'로 개칭하면서 중앙행정을 정비했다. 그 결과 중앙 부처는 외무, 육군, 해군, 국가경비, 국가수입, 재판, 재정 검사와 통제, 상업, 제조업 등 9개

분야로 정리되었으며, 곧이어 채광업, 토지, 도시조직을 다루는 3개 분야가 창설되었다. 그리고 각 꼴레기야는 효과적으로 업무를 수행함과 동시에 상호견제를 통해 황제의 권력행사가 완벽한 것이 되도록 구성되었다. 이 꼴레기야는 그 후 알렉산드르 1세(1801~1825) 시대에 미니스쩨르스뜨보(Министерство, Ministry)로 대체되기까지 거의 1세기 동안 지속되었다.

지방행정 분야에서도 역시 개혁이 이루어졌다. 1699년 세금징수를 촉진시키고 더 많은 국가수입을 얻기 위해 도시들이 재편되었다. 상인들에 의해 운영되었던 지방조직은 재정 이외의 것을 별로 고려하지 않은 것으로서 모스크바 국가의 관례들로부터 비롯된 것이었는데, 표트르는 발전된 서유럽의 경향들을 따라 철저히 지방자치적인 개혁을 도입했다. 그것은 바로 선출원칙에 근거해 도시민들의 진취성과 활동을 진작시키기 위해 의도되었던 것들이다. 이러한 시도로 1708년 이후 러시아는 8개, 10개 마지막에는 11개의 거대한 지방정부로 나누어졌다. 그러다가 다시 1719년 입법조치로 충분히 발전된 그리고 지극히 광범위한 체계가 등장했다. 즉, 각각의 보예보다(воевода: 군사권과 행정권, 즉 문무 양 권한을 가진 지방장관)를 최고 우두머리로 하는 50개의 구베르니야(губерния, province)가 주요 지방행정 단위가 되었다. 이 구베르니야들은 '위원들'에 의해 관리되는 우예즈드(уезд, district)로 다시 세분되었다. 예부터 있어 왔던 모스크바 국가의 관례인 꼬르믈례니예(кормление)[21] 관행은 더 이상 존재하지 않게 되었고, 모든 관리들은 봉급을 받았다. 이와 같은 내용의 행정개혁은 지방기관들에게 그 지방의 보건·교육·경제 발전의 책임까지를 맡김으로써 어느 의미에선 서구의 수준을 넘어서는 것이기까지도 했다. 그러나 표트르의 이와 같은 개혁은 지나치게 시기상조였고, 특히 이러한 개혁에 알맞은 관리들을 구할 수 없어서 성공적이지 못했다. 결국 하층민들의 실제적인 생활 개선에 도움을 주지 못한 채 중앙정부 최고 통치권자의 중앙집권적 권력만을 수직적으로 강화시키는 데 도움이 되었을 따름이었다.

한편 표트르는 귀족들에게 봉사의 의무를 강조했다. 물론 이들의 국가에 대한 봉직은 이반 4세 이래로 있어 왔던 것이었지만 표트르 1세 아래서 훨씬 더 무거워졌을 뿐만 아니라 더 정연하고 지속적인 의무가 되었다. "귀족계급의 모든 구성원들은 필수적으로 약 16세 때부터 죽을 때까지 봉사를 해야만 했는데, 황제 자신이 종종 14세 혹은 심지어 10세 정도의 어린 소년들에게 시험을 내어 그들을 학교와 직장에 배정했다. 보통 모스크바에서 열리는 검열 후에 젊은 귀족들이 공직의 군사 부문과 민간 부문에 배치되는 비율은 3분의 2에서 3분의 1이었다. 표트르 대제는 육군이나 해군의 경우와 마찬가지로 민간 공무원들의 경우에도 모든 신참들은 밑바닥부터 시작해 오직 자기 실력에 따라 승진해야 한다고 주장했다. 그래서 1722년 서로 병행하는 군사봉직, 관료봉직, 궁정봉직에서 다다를 수 있는 14개 등급으로 된 관등표를 공표했다."[22] 바로 이와 같은 관료제의 정비를 통해서도 표트르는 집단주의를 통한 중앙집권적 절대 군주권을 더욱 확고하게 다졌다.

교회개혁[23)

표트르 1세의 종교개혁을 통한 교회조직의 변화는 그의 개혁 가운데 가장 특기할 만한 것이다. 왜냐하면 교회조직 개혁은 집단주의적 중앙집권주의와 러시아 최고 통치자의 절대권 행사의 문제와 가장 밀착되어 있는 문제였기 때문이다. 사실 표트르는 매우 세속적이고 현실적인 사람이었다. 그는 성경의 해석이나 교리보다는 국가번영에 관해 더욱 관심이 있었다. 그가 치른 수많은 전쟁들 가운데 종교적인 문제가 원인이 된 것은 하나도 없다. 그러나 한편 그는 신의 무한한 능력을 믿었고 삶과 죽음, 승리와 패배 같은 모든 일이 신의 주관에 의해서 이루어진다고 믿었다. 그래서 전투에서 승리를 할 때마다 감사의 예배를 드렸다. 그는 황제의 경우 백성보다 신에 대한 책임이 더 중하며, 또한 신은 황제에게 백성을 다스리는 의무를 부여한 것이라고 믿었다. 그리고 신에게 가장 훌륭하게 봉사하는 방법은 무엇보다도 국가의 힘과 번영을 위해 열심히 일하는 것이라고 생각했다.

또한 표트르 대제는 예배의 형식이 중요한 것이 아니라 신에게 드리는 예배 그 자체가 중요하다고 믿었기 때문에 다른 기독교 종파에 대해서도 매우 관대했다. 그는 국교인 러시아 정교를 해치지 않는 범위 내에서 천주교나 개신교, 침례교의 정당성을 승인해 주었고 모든 종교를 인정하고자 했다. 러시아에 살고 있는 외국인들은 결혼이나 기타 종교행사를 거행함에 있어서도 그들 나름대로의 절차대로 거행하도록 허락했다. 다만, 새로 태어나는 아이는 러시아 정교회의 신앙을 갖게 해야 한다는 조건이었다. 그러나 당시 러시아 정교회의 지도자들은 이러한 정책을 달갑지 않게 생각했으며, 예배를 어떻게 올려야 하는가 하는 의식이 무엇보다도 중요하다고 생각했다.

한편 표트르 대제는 상당한 기간에 걸쳐서 러시아 정교회의 비정통파 교도, 즉 분리파 교도들(раскольники)에 대해서도 관용을 베풀었다. 표트르 이전의 러시아 총주교청은 분리파 교도들을 신랄하게 비판하고 탄압했으나 그는 이들의 신앙이 국가에 유익한 것이냐, 해가되는 것이냐 하는 것이 중요하지 단지 예배의식이 다르다 해 배척할 필요는 없다고 생각했다. "그들이 좋아하는 종교를 믿도록 내버려 두어라. 정당한 이성으로 그들이 신봉하는 미신을 막을 수 없다면 불이나 칼로도 그들의 미신을 막을 수는 없다. 그러니 그들을 박해하는 것은 어리석은 짓이다. 도리어 국가에 쓸모가 있도록 잘 인도하라"[24]고 표트르는 지시했다. 그러면서 거듭 교회란 모름지기 사회에 유리한 존재가 되어야 한다고 역설하고, 러시아 교회의 신부들이 국가를 위해 해야 할 가장 유익한 일은 영혼을 구제하는 것뿐만 아니라 백성들을 가르치는 일이라고 언명했다. 당시 러시아에는 학교가 없었기 때문에 신부들만이 전국에 흩어져 사는 농부들을 계몽할 수 있는 유일한 존재였다. 그러나 이러한 표트르의 의도와는 달리 당시 교회는 참으로 무능한 기구에 불과했다.

많은 신부들이 무식했고 일부 신부들은 미신을 믿기까지 했다. 그래서 표트르는 이와 같은 교회의 취약점을 극복하기 위해 많은 신부들을 키예프에 있는 신학교로 보내 신학뿐만 아니라 설교하는 방법까지도 익히도록 했다.

이상과 같은 교회의 상황 속에서 1700년 10월 우직하고 보수적 성격을 지닌 하드리안 총주교가 죽자 표트르는 총주교좌를 공석으로 놓아두었다. 왜냐하면 당시 표트르 대제는 북방전쟁의 나르바 전투에 나가 있어서 총주교의 후임을 생각할 겨를도 없었지만, 또한 자기의 권위에 도전하지 않을 사람으로서 교회의 개혁을 자신의 뜻에 따라 수행해 줄 수 있는 마땅한 인물이 없었기 때문이다. 이처럼 총주교의 직위를 공석으로 놓아둔 채 우선 정부기관인 수도원청을 통해 교회를 관리하고자 한 표트르는 모든 교회의 재산을 수도원청이 맡게 했고, 교회의 영지에 속해 있는 농노들에게 부가하는 세금징수의 권한도 수도원청이 가지게 했다. 그렇게 교회수입의 대부분이 국가재정으로 직접 흡수되었다. 교회의 관리들에게는 국가에서 봉급을 주는 제도를 택했다. 표트르는 1716년 본격적인 교회개혁을 위해 페오판 쁘로꼬뽀비치(Феофан Прокопович, 1681~1736)라는 인물을 발탁했다. 이 사람은 키예프 출신의 성직자로서 행정가이고 개혁가이자 선동가이면서 매우 정력적인 인물이었다. 그는 표트르 1세를 전 러시아 역대 왕조 가운데 가장 탁월한 지도자라고 칭송하면서, 최고의 권력은 신에 의해 짜리에게 주어진 것이라고 주장했다. 또한 그는 국가에 대한 봉사활동과 충성심을 발휘하는 데 성직자가 예외일 수 없다고 주장했으며, 군대가 국가에 속해 있는 것처럼, 종교도 국가에 예속되어 있다고 주장했다. 표트르는 1718년 말 쁘로꼬뽀비치에 명해 소위 교회법이라고 불리는 교회헌장을 작성케 하고 스스로 교정과 수정을 한 후에 러시아 정교회의 새로운 제도를 선포하기에 이르렀다.

새로운 교회법은 1721년 황제의 포고령으로 선포되었고, 이 새로운 규정에 따라 주교들은 신부들을 교육시킬 학교를 설립해야 했으며, 신부들은 역사·정치·물리·지리·체육 및 수학 등을 의무적으로 공부해야만 했다. 그러나 이 교회법에서 가장 특징적인 것은 총주교제가 폐지되고, 그 대신 신성종무원이 설립된 것이다. 또한 10~12명의 성직자들로 구성된 이 신성종무원의 업무를 감독하기 위해 비성직자 관리인인 종무원 사무국장을 임명함으로써 과거 "모스크바 국가가 짜리와 총주교라는 두 명의 최고지도자를 갖고 있었다면, 상트 페테르부르크 시대(1712~1917)에는 짜리만이 남게 되었다."[25] 이제 교회행정은 정부의 한 부서가 맡았으며, 교리를 제외하고는 교회의 모든 일이 짜리의 통치하에 운용되었고, 새로 임명되는 성직자들은 황제 앞에 나아가 충성을 맹세하게 되었다. 이로써 러시아 정교회는 국가의 보호 아래 확실한 국교의 자리를 보장받았지만, 표트르는 이처럼 그가 통치하는 국가에서 자기 다음으로 힘을 집결시킬 수 있는 가장 강력했던 경쟁단체를 무력화시킴으로써 확실하게 중앙집권적 절대통치권을 장악했다. 즉, 종무원 사무국장 제도의 실시는 단적으로 국가에 의한 교회의 지배를 말하는 것이며, 이는 바로 황제 자신의 교회 지배를 의미한다. 따라서 신성종무원의 설립은, 988년 그리스정교가 러시아에 전래된 이래 야로슬라프 무드르이(1019~1054) 공후의 러시아인 부주교(府主敎) 및 주교의 독자적 임명, 1589년 보리스 고두노프(섭정 1585~1598, 짜리 1598~1605)에 의한 최초의 러시아 총주교좌 설치 등을 거치면서, 동로마제국의 강력했던 통치 이데올로기인 중앙집권적 황제교황주의가 러시아 땅에 완전히 실현되었음을 보여 주는 것이다.

이상과 같은 군사·산업·행정·교회개혁 외에도 표트르는 경제와 재정 및 교육·문화 등의 분야에서 획기적인 개혁들을 단행했다. 그러나 이러한 개혁들은 모두 어디까지나 군주의 절대권을 강화해 제반 개혁들을 성공적으로 이끌어서 군대를 강화하고, 나아가 전쟁에서 승리를 거두어 강성대국, 즉 강한 러시아를 건설하기 위한 것에 지나지 않았다.

표트르 대제의 개혁에 대한 평가

국가주의자이자 애국주의자이고 절대주의자인 표트르는 또한 현실주의자로서 그의 최대 목표는 러시아 국력의 강화였다. 더군다나 17세기에서 18세기로 넘어가는 시기의 러시아는 대내외적으로 국가와 민족의 생존을 위해서라도 국력확장을 위한 일련의 대개혁들을 단행해야만 할 시점에 놓여 있었다. 따라서 표트르는 본인의 선견지명뿐만 아니라 역사전개에 따른 당위적 요구 때문에라도 국가개혁을 통한 국가강화의 길에 나서야만 했다. 표트르에게 국가개혁은 바로 모스크바적 전통을 떠나 서구를 지향하는 서구화 개혁을 의미했으며, 국력확장은 흑해와 발트해로의 진출을 통한 국력신장을 의미했다. 따라서 표트르의 입장에서는 흑해로 진출하기 위한 터키와의 전쟁, 특히 발트해로의 진출을 위한 스웨덴과의 전쟁은 불가피한 것이었다.

이런 맥락에서 표트르는 서구화 개혁과 전쟁을 동시에 수행했다. 따라서 모든 개혁은 우선 전쟁의 승리를 위해 실행될 수밖에 없었다. 그 결과 우선적으로 군사개혁이 실시되었으며, 다음으로 전쟁의 성공과 군사개혁을 뒷받침하기 위한 산업개혁이 이어졌고, 다시 전쟁수행과 모든 개혁들을 성공적으로 수행하기 위한 조치로 행정개혁과 종교개혁, 나아가 교육·문화개혁 등이 뒤따랐다. 특히 행정개혁과 종교개혁은 철저하게 군주의 중앙집권적 통치권을 강화하기 위한 방향에서 이루어졌다. 왜냐하면 "표트르 대제는 절대주의에 대한 확실한 신념을 갖고서 스스로를 전권을 가진 나라의 주인이라고 생각했으며"[26] 오직 중앙집권화된 절대권에 의해서만 개혁의 수행이 가능하다고 생각한 인물이었기 때문이다. 그 결과 표트르의 국가통치와 모든 개혁의 결과는 국가의 강화와 더불어 군주의 절대권이 강화된 모습으로 나타났다. 그리고 그것은 전통적인 러시아 정치문화의 핵심요인인 집단주의적 중앙집권주의에 자연스럽게 부합하는 것이었다.

이처럼 군주의 중앙집권적 절대권에 의한 전형적인 위로부터의 개혁인 표트르의 개혁은 획기적으로 국력을 신장시키고 국가발전을 이룩하기는 했지만, 개혁의 과정을 통해 러시아에 특권적 관료계급을 형성시켰고, 국가통제주의를 초래했으며, 농노제를 강화시킴으로써 지배자와 피지배자 사이의 간격을 더욱 깊고 넓게 만들고 말았다. 따라서 대다수 국민인 피지배계급의 생활조건이나 복지증진을 위한 개혁이 되지 못하고 오히려 군주의 절대권과 지배계급의 권익만을 강화시키는 결과를 초래하여 훗날의 러시아 역사에 커다란 짐을 지워 주고 말았다. 그래서 러시아 근대 사학의 아버지 끌류체프스끼(B. O. Ключевский, 1841~1911)가 인민의 이익이 국가의 조직과 권력에 의해 희생당하는 조국 러시아 역사의 모습을 보고 "국가는 살쪄 가는데, 인민은 여위어 갔다"[27)]라고 갈파한 것이다. 그렇다면 21세기의 짜리라고까지 불리는, 국정운영 스타일이 표트르 대제와 많은 점에서 닮았다고 평가를 받고 있는 블라디미르 푸틴 러시아 대통령의 강력한 중앙집권주의적 통치는 과연 어떤 것인가 살펴보자.

푸틴과 러시아

러시아인들이 광대무변하고 가혹한 자연환경과 끊임없는 외침으로부터 살아남기 위해 집단주의와 집권주의에 익숙해졌다는 것은 지속적으로 언급한 바 있다. 특히 러시아인들은 만장일치의 합의를 바탕으로 한 강력한 집권주의에 의해서만이 효과적으로 자신들의 생존을 보장받을 수 있다고 생각한다. 그래서 집단주의적 중앙집권주의는 최고 통치자의 일사불란한 통치권 추구와 더불어 러시아 역사 속에서 강력한 정치문화적 요소로 자리 잡게 되었다.

러시아의 이러한 집단주의적 만장일치제 중앙집권주의는 제정 러시아에서는 전제주의적 성격을, 소비에트 러시아에서는 전체주의적 성격을 띠게 되었다. 그러나 이러한 강력한 중앙집권주의를 통해 러시아의 역대 통치자들은 국정을 효과적으로 수행하면서 민족적 위기를 극복하거나 국가를 새롭게 개혁·발전시켜 왔다. 그래서 또한 러시아의 역대 통치자들은 끊임없이 중앙집권적 통치 권력을 확보·강화하고자 노력했으며, 푸틴 대통령도 역시 여러 조치를 통해 지속적으로 강력한 중앙집권주의를 추구해왔다. 그 결과 푸틴 대통령은 집권 이후 오늘날까지 소비에트 러시아의 붕괴와 더불어 와해된 중앙의 권력을 복원하고 강화시키는 데 괄목할 만한 성과를 거두어 러시아를 강성대국으로 부활시켰다.

말수가 적고 "친지들과의 우정과 신뢰를 삶 자체라 할 수 있을 정도로 소중하게" 여기면서 "항상 무(無)에서 시작하지만, 결국엔 뭐든 해내고야 마는 성격"[28]인 푸틴은 상트 페테르부르크(당시는 레닌그라드)의 안타까울 정도로 가난하고 평범한 소시민 노동자 가정에서 1952년 10월에 태어났다. 아직 스탈린이 죽기 5개월 전이었다. 푸틴은 흐루시초프 시대에 유년 시절을 보내고, 브레즈네프 시대인 1970년대 중반에 국립 레닌그라드 대학교(LGU) 법학부를 다녔다.

초등학교 시절에는 5학년 때까지 개구쟁이 골목대장, 문제아였으나 6학년이 되면서부터는 공부도 열심히 하고 소년단에 입단해 바로 회장이 되기까지도 했다. 푸틴은 평소 아이들과 어울리는 것을 별로 좋아하지는 않았지만 이때부터 놀이터나 학교에서 최고가 되기 위해 공부뿐만 아니라 운동, 특히 삼보(sambo)와 유도에 열중했다. 초등학교를 졸업한 후 화학전문학교를 거쳐 처음에는 비행기 조종사나 선원이 되고 싶어서 민간 항공대학에 진학하려고 했지만, 곧 당시로서는 하늘의 별따기라는 첩보원의 꿈을 이루고자 부모님과 주위의 강력한 반대를 무릅쓰고 40 대 1의 치열한 경쟁률을 뚫고 1971년 레닌그라드 대학교 법학부에 입학했다.

푸틴은 1975년 졸업과 동시에 KGB 요원으로 발탁되었으며, 겁이 없는 편인 그는 첩보아카데미에서 저돌적으로 열심히 훈련에 임해 단점으로 "위험불감증"이라는 평가를 받기까지 했다.[29] 10년 동안의 국내 근무 끝에 푸틴은 동독의 드레스덴 KGB 지부로 파견을 명받았다. KGB 내부에서도 엘리트직으로 여겨지는 정보국 출신인 푸틴은 동독에 부임할 당시 작전책임관이었으며, 곧이어 부장 보좌관, 수석 보좌관으로 승승장구했다. 그가 이렇게 잘나간 것은 무슨 큰 공로나 어떤 특별한 계기가 있어서가 아니고 평소 강한 집념과 세심하고 집요한 성격으로 성실하게 일한 결과였다는 것이 푸틴 자신이나 주위의 증언이다.

동독에서 세계의 다양한 흐름과 정보를 수집하면서 푸틴은 서방 자본주의 국가들과의 경제력, 기술력 등의 격차를 실감하면서 고르바초프의 페레스트로이카 정책이 불가피하다고 생각하게 되었다. 동시에 KGB에서는 희망이 없다는 것을 깨달으면서 1990년 귀국한 푸틴은 장차 학계로 진출할 뜻을 가지고 모교인 레닌그라드 대학교 총장의 국제관계 담당 보좌관을 맡으면서 학위취득 과정을 밟기 시작했다. 그러나 당시 모교 은 사로서 레닌그라드 소비에트 의장이 되어 있던 아나톨리 소브차크(1937~2000) 교수의 강권에 따라 그의 보좌관이 되었고, 1991년 6월 소브차크가 레닌그라드의 첫 직선 민선시장에 당선되면서 페테르부르크 시 대외관계위원회 위원장에 취임했다. 그리고 1994년에는 페테르부르크 제1부시장에 취임했다. 그러나 1996년 소브차크가 재선에 실패함으로써 새 시장의 유임 간청에도 불구하고 선거공약과 의리를 지켜 푸틴은 실직자의 길을 자초했다.

힘든 실직생활 4개월여가 되던 1996년 8월 푸틴은 동향(同鄕)인 제1부총리 알렉세이 A. 볼샤코프의 추천으로 대통령 총무실 부실장의 자리를 맡으면서 처음으로 모스크바 크레믈린 생활을 시작하게 되었다. 이로부터 푸틴은 1997년 3월 대통령실 총감독부장, 1998년 5월 대통령 행정실 제1부실장(지역담당), 7월 국가보안위원회(KGB)의 후신인 연방보안국(FSB) 국장, 1999년 3월 국가보안회의 의장, 8월 총리 취임, 12월 대통령 권한 대행, 2000년 3월 제3대 대통령 당선, 5월 대통령 취임으로, 동서고금을 통해 그 유례를 찾아볼 수 없을 정도의 고속 질주 속에서 3년 반 만에 국가원수의 자리에 올랐다. 그가 국가원수의 자리에 올랐을 당시 러시아는 구소련 붕괴 후 10년 넘게 과도기적 체제 이행기라는 특수한 역사적 상황 아래서 심한 정치·경제·사회·문화적으로 표류하던 시기였다. 그래서 대통령에 취임한 푸틴은 두 달 후 7월 국회에서 행한 연차교서를 통해 연방정부의 "수직적 집행체제" 확립을 바탕으로 "강력한

국가", "효율적인 국가"를 건설하는 것이 자신의 목표라고 천명
했다.[30]

푸틴의 중앙집권화 개혁

푸틴이 말하는 '수직적 집행체제' 확립이란 곧 구소련 붕괴
후 10여 년간에 걸친 옐친 정권의 과도기적인 정치·경제적 표
류의 시기를 지나 '강력한 중앙정부'의 복원 즉, '강력한 중앙집
권화'를 의미한다. 강력한 중앙집권화의 실현은 대통령 중심제
국가인 러시아에서 최고 통치자인 대통령의 권한 강화를 의미
하는 것이었다. 또한 이는 러시아 역사의 정치·문화적 측면에서
볼 때 소비에트 러시아 시기 소련공산당 서기장(제1서기), 제정
러시아 시기 짜리, 특히 표트르 대제의 중앙집권적 통치 권력
강화와 같은 맥락으로 이해되는 것이다. 그래서 푸틴은 '21세기
의 짜리', '오늘날의 표트르 대제'라고까지 불리기도 한다.

옐친의 모순

삼일천하로 막을 내린 1991년 8월의 보수 쿠데타를 저지한
소연방 러시아공화국 대통령 보리스 옐친은 고르바초프의 지
지부진한 개혁수행과 그의 제도적 중앙집권화 권력의 전제화
가능성을 맹렬히 비난했다. 그리고 그해 12월 우크라이나의 크
라프추크 대통령, 백러시아의 슈슈케비치 최고회의 의장과 더
불어 소연방 해체와 독립국가연합(CIS, CHГ)의 결성을 선언하고

신생 러시아 연방의 최고 통치자가 되었다. 이어서 옐친 대통령은 새로운 러시아의 목표가 자유민주주의와 자유시장경제임을 대내외에 천명하면서 급격한 개혁을 시도했다. 그러나 민주주의와 시장경제를 지향하는 옐친의 급진 개혁정책은 개혁의 속도 및 방법, 정치 집단들의 보혁갈등 및 권력투쟁의 소용돌이 속에서 서민생활의 경제적 파탄과 정권의 표류만을 야기하고 말았다.

결국 옐친 대통령은 개혁의 속도를 조절하고, 이를 뒷받침할 수 있는 정치적 안정을 도모하기 위해서는 러시아 정치문화의 전통적 핵심요소인 강력한 중앙집권적 통치 권력을 복원시켜야 된다는 것을 자인하게 되었다. 옐친의 이와 같은 현실인식은 소연방 붕괴 당시 고르바초프에 대한 그의 비난을 돌이켜 볼 때 가히 '옐친의 모순'이라고 지칭할 수 있는 것이었다. 결국 옐친은 표류하는 정국 타개의 해법으로 1993년 4월 국민투표를 실시해 대통령 및 정책에 대한 신임을 억지로 확인받은 다음, 같은 해 12월 12일 다시 국민투표를 통해 명목상으로만 3권 분립 형태를 취한 강력한 대통령중심제 신헌법을 채택했다.

신헌법에 의해 오늘날 국제사회에서 그 유례를 찾아볼 수 없을 정도로 의회 해산권, 내각 임면권, 사법부 구성권, 실질적 피탄핵 불가 등 막강한 권한을 부여받은 옐친 대통령은 강력한 중앙집권을 바탕으로 이른바 '러시아식 정치의 민주화'와 더불어 신생 러시아 연방의 최대과제인 경제개혁(회생)을 본격적으로 추진하고자 했다. 그러나 강력한 중앙집권적 대통령 권한의 제도적 보장(大統領 大權制, super-presidentialism)에도 불구하고 첫 의회 구성에서 옐친은 다수의 지지 세력 확보에 실패했고, 의회로부터 "신헌법상 대통령의 권한이 너무 비대하므로 신의회에서 개정을 해야" 하며, "정책면에서도 급진적인 개혁노선을 수정해야 한다"는 도전을 받게 되었다.[31] 그 결과 러시아의 정국은 정치적으로나 경제적으로 여전히 표류할 수밖에 없었다. 엎친 데 덮친 격으로 건강마저 극도로 나빠진 옐친은 이러한 상황 속에서도 1996년 제2기 집권을 위해 다시 대권경쟁에 나섰다. 결국 그는 지지도가 바닥을 헤매는 여론의 분위기 속에서 언론장악, 탄압 등 무리수를 쓸 수밖에 없었다. 또한 체제변동의 과도기적 이행기에 등장한 과두금융재벌과 손을 잡음으로써 정경유착의 부패 고리에 얽매이게 되었다.

어렵게 재선에 성공한 옐친의 제2기 집권은 더욱 불안한 정국을 맞이할 수밖에 없었다. 그의 건강은 움직이는 병동이라고 불릴 만큼 더욱 악화되고 정경유착의 부패 고리 속에서 과두금융재벌의 국정간섭은 더욱 심해졌다. 결국 러시아 정부는 1998년 8월 금융위기를 맞이하고 루블화의 평가절하와 더불어 채무불이행(default)이라는 경제파탄에까지 이르렀다. 동시에 체첸 사태가 다시 고개를 들고 일어나기 시작했다. 대외정책마저도 친서방과 탈서방 유라시아주의 노선을 오가며 국제무대에서 러시아는 과거 소연방 시절의 위상과 영향력을 상실한 채 표류했다. 이로써 러시아 사회의 시민과 "지배 엘리트 내지 지배집단은 보수 대 개혁…… 대통령 대 의회, 중앙 대 지방으로 분열되어 갈등을"[32] 더욱 심하게 보이면서 정치 불안과 개혁정책에 대한 불만에 깊숙이 빠져들었다. 바로 이와 같은 상황은 1998년 한 해 동안 세 차례의 개각과 1999년의 두 차례 추가 개각으로 이어졌다. 여기에다 대통령의 잦은 와병으로 장기간에 걸쳐 통치의 공백이 발생했다. 그 결과 집권 말년에는 통치권이 의회뿐만 아니라 지방과 군부, 신흥재벌, 그리고 그의 퇴진 이후를 겨냥한 대권주자들로부터도 공공연히 도전받았다. 이로써 옐친은 자신이 신헌법을 통해 제도적으로 구축해 놓은 강력한 중앙집권의 통치 시스템을 가동시켜 보지도 못한 채 1999년 12월 반년이나 앞당겨 대통령직을 조기 사임했다.

중앙집권화

푸틴은 1999년 12월 31일 옐친의 지명으로 '대통령 직무대행'을 맡았다. 그가 물려받은 러시아가 정치·경제적으로 극히 어려운 상황임에도 불구하고 서기 2000년을 맞이하는 신년사를 통해 푸틴은 옐친의 커다란 공로에 힘입어 러시아는 이미 민주주의와 개혁의 길로 들어섰으며, 결코 이 길로부터 벗어나지 않을 것임을 천명하였다. 이로써 푸틴은 자신의 생활신조대로 전임자 옐친에 대한 신의와 예의 갖추는 것을 잊지 않았다. 이로부터 3개월 후에 치러질 대선을 위한 선거운동에서 집권 후 "가장 먼저 중앙정부 권력을 강화하기 위한 국정시스템 구축작업이 이뤄질 것"이라고 밝히면서 자신의 정책 원칙을 "강한 국가, 애국심, 법에 의한 독재, 가족의 가치, 빈곤 퇴치, 공정

한 사업 환경"이라고 선언했다.[33]

푸틴은 2000년 3월 대통령에 당선되었고, 5월 7일에 정식 취임했다. 그는 대통령 취임사를 통해 "강한 러시아", "시민들이 자랑스럽게 생각하며, 세계가 존경하는, 자유롭고, 번성하고, 부유하고, 강력한 문명의 나라를 건설하는 것이 우리 모두의 공동의 목표"라고 선언했다. 그리고 곧이어 같은 달 13일 '연방관구 주재 러시아 연방 대통령 전권대표에 관해'라는 대통령령과 7월 '러시아 연방 구성주체의 국가권력 입법(대의)기관과 집행기관의 전반적 조직 원리에 관한 연방법 수정 및 추가의 제안에 관해'라는 법안, 8월 '러시아 연방 연방의회 내 연방 소비에트의 형성절차에 관해'[34]라는 법안, 다음 해인 2001년 8월 '민경(民警)에 관한 연방법 제7조와 제9조의 수정 및 추가의 제안에 관해'[35]라는 법안 등 구체적인 조치를 통해 푸틴은 이른바 '옐친의 모순'을 타파하고 "강력한 국가", "효율적인 국가"를 건설하기 위한 방편으로 연방정부의 "수직적 집행체제"를 확립하고자 강력한 중앙집권화를 시도했다.[36] 이상과 같은 조치들을 항목별로 좀 더 구체적으로 알아보면 다음과 같다.

1) 연방관구의 신설과 대통령 전권대표의 파견[37]

푸틴은 2000년 5월 취임 직후 대통령령을 통해 전국 89개의 연방 구성주체를 북서부, 중앙, 볼가, 남부(北카프카스), 우랄, 시베리아, 극동 지역 등 7개의 연방관구로 나누고 이들 지역에 각각 '대통령 전권대표'를 파견했다.(2008년 3월 연방 구성주체는

83개로 조정됨) 이로써 모든 연방구성 주체들에 파견한 7명의 대통령 전권대표들로 하여금 공식적으로 대통령의 권한을 관할지방에서 확보케 하고, 대통령에게 직접 책임을 지게 했다. 또한 담당 관구 내에서 연방정부 정책의 기본방향과 방침이 이행되도록 하며, 각 지방의 정치·경제·사회·안보 등 주요 부문의 정보를 대통령에게 직접 보고함은 물론, 지방 법규가 연방헌법이나 연방법에 상치되는지를 감시하고 중앙정부로부터 파견된 관료들을 관리하는 등 제반 업무를 수행하도록 했다.[38] 바로 이와 같은 연방관구의 신설과 전권대표의 역할은 지방에서 중앙의 권위를 확립함과 동시에 대통령 중심의 수직적 권력구조를 강화해 중앙집권화를 이루고자 한 것이었다.

2) 지방 지도자 해임권 및 지방의회 해산권 확보[39]

푸틴은 통치 권력의 중앙집권화를 위한 중대한 조치의 일환으로 지방 지도자를 해임하고 지방의회를 해산할 수 있는 권한을 2000년 7월 의회(하원)에 발의한 법안을 통해 확보했다. 즉, 연방 구성주체가 연방헌법과 연방법에 위배될 경우 해당 구성주체의 행정수반을 해임하고, 지방의회도 해산할 수 있는 권한을 하원인 '국가두마'의 절대 다수 지지표결을 통해 확보한 것이다. 물론 지방지도자를 해임하기 위해서는 위법사항을 법원이 판결하고, 이를 토대로 검찰총장이 형사소추를 확인해야 하는 과정을 거치기는 하지만 연방헌법에 보장된 사법부에 대한 대통령의 절대적 권한을 생각할 때,[40] 이 과정은 일종의 요식행위에 지나지 않는 것으로 판단된다. 지방의회의 해산 역시 국가두마의 결의로 이루어진다. 이 밖에도 푸틴 대통령은 2001년 중반 지방 경찰책임자에 대한 임면권을 지방정부로부 터 회수해 대통령 고유의 권한에 귀속시킴으로써 중앙집권화 는 매우 강화되었다.

3) 연방 소비에트(상원)의 약화[41]

푸틴은 중앙-지방관계 개혁을 통한 중앙집권화의 일환으 로 2000년 7월 상원 상임제화(常任制化) 개혁법안을 발의해 연 방 구성주체의 지방 행정부 수반 및 지방 입법부의 수장(공화 국 대통령, 주지사, 지방의회 의장)들이 당연직으로 겸임했던 상원의 원직을 이들이 겸임하지 않고, 연방 구성주체의 행정부와 입법 부에서 각각 1명씩 2명의 상원의원을 선임토록 했다. 즉, 지방 의회는 다수결로 상원의원을 선출하며, 지방 행정부의 수반이 임명하는 의원 후보자는 지방의회의 표결로 결정했다. 이와 같 은 법안의 조치에 대해 상원은 강력히 반발했으나 하원의 표결 로 결정되었으며, 경과조치를 통해 2002년 초까지는 주지사를 비롯한 모든 지방 지도자들이 상원 의원직에서 물러남에 따라 새로운 상원이 출범하게 되었다. 당시 푸틴은 지방 현안에 주력 해야 할 지방 지도자들이 멀리 떨어진 수도 모스크바에서 상 당한 시간을 보낸다는 것은 낭비라고 주장했다. 그렇지만 사실 그의 상원 개혁의 실제 목표는 연방정책에 대한 지방 지도자들 의 영향력을 차단하는 것이었다. 이로써 지방 지도자들은 상원

의원직에 부수하는 면책특권을 상실하게 되었으며, 푸틴의 입장에서는 이들이 중앙에서 지방의 이익이나 자신들의 사익을 추구하는 것을 차단하고, 이들을 지방 차원의 세력으로 묶어 둘 수 있게 되었다.

한편 푸틴은 상원 개혁에 대한 지방 지도자들의 불만을 무마하는 방편으로 연방 구성주체 행정수반들이 조(組)로 나뉘어 순번제로 참석하는 '국가평의회'를 신설했다. 그러나 여기서 논하는 국정 현안은 기본적으로 대통령에 대한 극히 소극적 자문의 한계를 넘지 못했으며 오늘날에 와서는 거의 유명무실한 기관이 되고 말았다. 바로 이상과 같은 연방 소비에트의 약화 조치는 푸틴의 중앙집권화 정책을 극명하게 보여 주는 것이라 할 수 있다.[42]

푸틴은 중앙집권화를 위해 이상과 같은 세 가지 커다란 정책 조치 이후 2003년 12월 총선에서 여당인 통일러시아당의 압승으로 의회를 장악한 뒤, 대선 직전인 2004년 3월 쁘라드코프(Михаил Прадков) 신임 총리를 중심으로 내각과 정부조직을 단순·명확한 수직적 권력체계로 재편했다. 곧이어 같은 달 3월 대선에서 압도적 지지를 받아 대통령 재선에 성공한 푸틴은 다시 포고령을 통해 국방부, 법무부, 외무부 등 핵심 부처는 총리가 아닌 대통령이 직접 관할토록 하는 조치까지 취했다. 또한 그는 과거 소연방 중앙집권체제의 특징, '강력한 중앙', 즉 초(超)중앙집권화의 상징이라 할 수 있는 스탈린을 복원시키는 것 같은 일련의 조치들을 취함으로써 대내외적으로 강력한 러시아의 재건을 과시하는 모습을 보여주기도 했다.[43] 그러고는 2004년 5월 7일 자신의 제2기 대통령 취임사를 통해 '국제무대에서의 강력한 힘과 권위를 가진 거대하고 위대한 러시아'를 새삼스레 강조했다. 그리고 그의 이러한 강력한 집단주의적 중앙집권화를 통한 국정운영의 모습은 2008년 5월 퇴임할 때까지 집권 2기 동안 모든 분야에서 흔들림 없이 지속되었다.

메드베데프의 등장과 푸틴의 수렴청정(垂簾聽政)

많은 전문가 학자들은 푸틴이 개헌을 해서라도 연이어 세 번째까지 집권을 시도할 것이라고 예상을 했다. 그러나 그는 헌법의 규정을 지키는 한편, 자신의 정치적 제자이자 후배인 메드베데프를 내세워 신생 러시아 연방 제5대 대통령의 자리에 오르게 하였다. 그리고는 후일을 기약하며 총리의 자리로 물러나 앉았다. 그렇지만 주지하다시피 푸틴은 수렴청정을 하는 실세 총리로서 메드베데프 대통령과 절묘하게 호흡을 맞춰가며 실질적으로 러시아를 통치해나갔다. 그러다가 2012년 3월 '혹시나' 했던 국내외의 예상을 뒤엎고 '역시나'로 마무리 지으면서 메드베데프의 절대적 협조와 지원을 받아 푸틴은 제6대 대통령에 출마하여 당선되고 5월에는 취임식을 가짐으로써 대통령에 복귀하였다.

메드베데프는 2008년 5월 러시아 제5대 대통령에 취임하였고, 바로 그해 11월 국가두마의 압도적인 지지를 받아 차기부터서 대통령의 임기를 2년 더 늘린 6년으로, 국가두마 의원은 1년 더 늘린 5년으로 헌법을 개정하였다. 당시 일각에서는 4년 후 푸틴 복귀의 수순을 밟는 것이라는 관측과 더불어 더욱 대통령의 중앙집권적 장기집권의 포석이라는 지적이 있었다. 과연 이러한 예상과 지적은 오늘날 그대로 현실화되었으며, 푸틴은 이제 다시 헌법의 연임 규정에 따라 제7대 대통령의 임기가 끝나는 2024년 5월까지 집권할 수 있는 기회가 보장된 것이다. 푸틴은 어떻든 국민 절대 다수의 지지로 2012년 3월 자신의 3번째 임기의 대통령에 당선되었으며, 5월 7일 대통령 취임 직후, 같은 날 메드베데프를 총리에 지명하여 국가두마의 인준을 받았다. 그야말로 4년전 푸틴과 메드베데프의 국정을 위한 임무교대 장면이 그대로 재현된 것이라 할 수 있다.

메드베데프는 그가 대통령 시절일 때도 푸틴의 '수렴청정'설을 부인했고, 오늘날 총리의 직책을 맡고 있으면서도 푸틴의 지시만을 따라 국정을 수행하지 않는다면서 푸틴 '보스설'을 강력히 부인했다.[44] 그러나 어느 누구도 이러한 메드베데프의 말을 믿거나 푸틴의 절대적 통치권을 의심하는 사람은 아무도 없다. 푸틴이 대통령직에 복귀하여 지난 2012년 12월 의회에 대한 이번 임기의 첫 번째 연차교서를 통해 밝힌 국정방향[45]에 대해 메드베데프는 총리로서 단 한 치의 흐트러짐도 없음을 우리는 볼 수 있다. 이러한 흐름으로 볼 때 제7대 대통령 선거 역시 이변이 없는 한 '혹시나'는 '역시나'로 집단주의와 집권주의에 따른 러시아의 전통적 정치문화의 바탕 위에 푸틴의 연임이 예견되는 것이다.

푸틴의 중앙집권화 개혁에 대한 평가

푸틴은 2000년 신년사와 그해 5월 대통령 취임사에서 옐친의 공로를 치하하고 있지만 바로 이어진 7월의 연차교서를 통해서는 당시의 러시아 정국을 "중앙과 지방이 서로 파멸적인 권력 다툼에 몰입하고 있으며, 이 과정에서 러시아에 '통치의 공백'이 초래되고 있다고 경고하고, 러시아는 이제 연방국가가 아니라 '분권화된 국가'에 불과할 뿐"이라고 비판했었다.[46]

결국 이와 같이 정국의 표류를 안정시키고 나아가 집단주의적 중앙집권이라는 러시아 정치문화의 핵심요소의 바탕 위에 '강한 국가'를 건설해 보겠다는 푸틴의 의지가 바로 '연방관구의 신설과 대통령 전권대표의 파견', '지방 지도자 해임권 및 지방의회 해산권 확보', '연방 소비에트(상원)의 약화' 등의 조치로 나타났다. 그러면서 동시에 집권 이후 오늘날까지 지속적으로 연방정부의 지방에 대한 강력한 예산 통제, 내각 및 정부조직의 수직적 권력체계 강화, 의회의 장악과 대선에서의 압도적인 재선 성공, 사신감에 찬 일련의 과거사 복원 시도, 체첸 사태 및 테러사건에 대한 결연한 대처 등을 통해 중앙집권화를 실현하고, 2008년 5월 퇴임 당시에는 70퍼센트를 넘어서는 국정지지율 속에서 '강한 러시아'를 건설해 후임 메드베데프 대통령에게 이를 넘겨주었다. 그 결과 오늘날 러시아 연방은 정치·경제적 제반 개혁조치의 성공에다 에너지 부존자원에 힘입어 구소련 못지않은 강성대국으로 자신감에 넘쳐 국제무대에 복귀하고 있다. 따라서 러시아에서는 푸틴의 복귀와 더불어 미래의 다른 러시아 지도자들도 대내외 정치의 안정 속에서 보다 강력한 국가를 건설하고 국제무대에서의 보다 효율적인 영향력 강화를 위해 지속적으로 집단주의 속의 만장일치제 중앙집권주의를 가일층 강력히 추구해 나갈 것으로 전망된다.

결언: 숙명적 집단주의와 집권주의

　가혹한 자연환경과 외침으로부터 살아남기 위해 집단주의
와 집권주의에 익숙해진 러시아인들에게는 미르가 곧 '평화'로
운 삶을 얻기 위한 그들만의 공동운명체적 집단이자 '세계' 그
자체이고 또한 '우주'였다. 바로 이러한 공동체 내에서 러시아인
들은 다시 만장일치의 합의를 바탕으로 한 가부장적 집권주의
에 의해서만이 효과적으로 자신들의 생존을 보장받을 수 있다
고 생각하고, 베체의 만장일치제에 의한 통치 권력의 가부장적
중앙집권주의를 더욱 확신하게 되었다. 이와 같은 러시아인들
의 집단주의와 집권주의, 특히 중앙집권주의는 역대 최고 통치
자들의 지속적이고 일사불란한 통치권 추구의 근거가 되었고,
이는 또한 피지배자들의 묵시적 동의로 더욱 굳게 러시아인들

의 마음속에 자리 잡게 되었다.

러시아인들의 이러한 집단주의 내에서의 가부장적이고 만장일치제적인 중앙집권주의는 비잔틴제국의 황제교황주의와 몽고제국의 신정적 유목 군사독재정치와 결합하면서 더욱 강화되었다. 그리고 이와 같이 태생적인 러시아의 집단주의적 중앙집권주의는 이반 4세(뇌제, 1533~1584)라는 걸출한 통치자의 출현으로 정형화되었다가 표트르 대제의 통치를 거치면서 서구의 전제적 절대군주제와도 접합을 이루어 더욱 강화되고 전제화되었다. 이후 예카쩨리나 여제(1762~1796) 시대를 거쳐 19세기 제정 러시아 시대의 통치권은 중앙집권적 전제정치의 극점을 이루었다. 그러다가 결국은 분출하는 혁명의 물결을 견디어내지 못하고 제정 러시아는 붕괴하고 말았다.

제정 러시아가 붕괴하고 임시정부라는 짧은 과도기를 거쳐수립된 소비에트 러시아에서도 역시 러시아의 전통적인 집단주의적 중앙집권주의는 민주적 중앙집중제라는 이름으로 국가통치 권력의 근간이 되었다. 그러나 이 민주적 중앙집중제는 이미 레닌의 혁명보호와 권력 장악을 위한 제반 조치에 의해 처음부터 전체주의적 통치 권력으로 변모할 수밖에 없는 성격을 지니고 있었다. 결국 스탈린 시대에 들어서면서부터 소비에트 러시아에서는 사회주의 건설이라는 슬로건 아래 공산당 1당 독재에 의한 전형적인 전체주의적 중앙집권주의가 실시되었다. 그리고 이러한 중앙집권주의는 기본적으로 흐루시초프, 브레즈네프 시대까지 계속되었으며, 심지어는 고르바초프의 통치 권력 추구에까지도 깊게 투영되고 있다. 그러나 고르바초프의 페레스트로이카 개혁정책의 실패로 소비에트 러시아의 중앙집권주의는 소련공산당의 해체와 더불어 와해되고 말았다.

결국 소비에트 러시아의 중앙집권주의는 전체주의적 성격의 것이었으며, 그 연원은 제정 러시아의 전제적 중앙집권주의와 그 이전 미르의 베체에서 행해진 만장일치제적 의사결정의 가부장제, 즉 베체사상이라 할 수 있다. 이처럼 집단주의를 바탕으로 한 중앙집권주의는 러시아 역사 속에서 어느 시대를 막론하고 지속적으로 작용하고 있으며, 제정 러시아에서는 전제주의적 성격을, 소비에트 러시아에서는 전체주의적 성격을 띠는 것이었지만, 그래도 국가가 위기에 처했을 때 집권주의는 민족적 위기를 극복해 냄과 동시에 국가를 새롭게 개혁·발전시키기도 한 러시아 정치·사회적 힘의 주요 원천이 되기도 했다. 그래서 옐친도 대통령으로서 그의 통치 10년 동안 끊임없이 정치·경제·사회·문화 등의 표류를 해결하고자 중앙집권적 통치권력의 복원을 위해 노력했으며, 21세기 첫 8년 동안 푸틴 대통령 역시 민주주의와 시장경제를 지속적으로 추구할 것이라고 대내외에 천명하면서도, 또 다른 한편으로는 초헌법적 대통령령을 통해 전국을 7개 연방구로 나누어 대통령의 권한을 강화하는 등 제반 조치를 통해 지속적으로 강력한 중앙집권주의를 추구했던 것이다. 사실 푸틴의 집권 이후 그가 퇴임할 때까지 러시아의 중앙집권화는 괄목할 만한 성과를 거두었다. 그리고 이를 바탕으로 푸틴 대통령은 러시아를 제정 러시아나 소연

방 수준의 강한 국가로 끌어올렸으며, 국제무대에서도 과거의
위상을 거의 되찾았다고 할 수 있다. 결국 러시아는 본서에서
논한 맥락에서 볼 때 대통령의 임기까지 늘려 재등장한 푸틴은
물론 미래의 다른 러시아 지도자들도 대내외 정치의 안정 속에
서 보다 강력한 국가를 건설하고 국제무대에서의 보다 효율적
인 영향력 강화를 위해 국민들의 정치문화적 정서의 핵심인 집
단주의와 집권주의를 바탕으로 러시아적 전통을 내세우며 가
일층의 강력한 중앙집권화 정책을 간단없이 추구해 나갈 것으
로 전망된다.

보론: 러시아인들의 일상생활과 의사소통 방식

언어적 방법

러시아인들은 외국인을 포함한 타인을 대할 때 수난의 역사에 기인한 대외혐오증적 경계심이나 적대감만 없어지면 말하기를 좋아하고, 그것도 매우 정감 있고 친절하게 한다. 이것은 또한 앞의 본론에서 고찰한 바처럼 재론의 여지없이 그들의 공동운명체적 집단주의 생활에 기인한 것이기도 하다. 또한 러시아인들은 가까워지면 가까워질수록 유난히 서로 친근감 있게 말하기 좋아하는데, 이에 대해 존 몰(J. Mole) 교수는 이렇게 지적하고 있다.

"15분 정도만 모스크바 지하철을 타 보면, 러시아인들이 말, 글, 혹은 시각적인 의사소통 가운데 말을 가장 선호함을 알 수 있다. (중략) 러시아에서는 편지나 팩스 그리고 리포트에 의존해 의사를 전달하려 하면 안 된다. 가능하다면 대화를 통해 전하는 것이 가장 효과적이다. 때문에, 글로 이루어지는 의사소통을 더 선호하는 문화권에서 온 사람, 예를 들어 북유럽인이라면, 러시아 사업 파트너가 뭐라고 쓰는 것에 관심을 갖기보다는 뭐라고 말하는지에 대해 집중할 필요가 있다."[47]

또한 러시아인들은 식사와 술자리가 이어지는 2차 문화가 강한 우리와는 달리 보드카를 겸한 저녁 식사만 두세 시간 하는 것이 보통이고 심지어 네 시간을 훌쩍 넘기는 것도 다반사다. 그래서 술은 주로 이야기를 하기 위해 마신다고 할 수 있다. 러시아인들은 첫 잔을 건배할 때 술을 남기면, 불행을 남긴다는 속설이 있어 우리들이 흔히 말하는 '원샷' 식으로 첫 잔은 모두 단숨에 들이킨다. 그리고 분위기에 따라 '원샷'은 세 번째 잔까지 이어지기도 한다. 그렇지만 일제 건배 다음부터는 잔을 돌리거나 주고받지 않고 스스로 또는 주위 사람이 첨잔해 주는 것이 관례이다. 대화 중간 중간에 자천 타천으로 건배 제의가 이루어지는데, 러시아인들의 건배 제의는 무작위로 돌아가면서 참석자 거의 모두가 매우 적극적으로 참여한다. 건배사는 건배 제안자 자신의 "모든 지적 자산이 입으로 토해지는 종합예술처럼 다양하고 깊다."[48] 그래서 이들의 건배사는 길어지기

일쑤이고, 장광설이 되기도 한다. 이러한 러시아인들의 건배사를 들어 보면 "러시아어는 융통성이 있고 수식이 많은 언어이다. (중략) 작가의 작품에서부터 나온 속담을 비롯해 선전어구 그리고 비유적인 표현을 많이 사용한다. 회의나 발표와 같은 공식적인 경우에는 유머가 잘 사용되지 않지만, 일반적으로 사회생활이나 회사생활에서 유머는 약방에 감초이다."[49] 그러면 이처럼 말하기 좋아하는 러시아인들이 일상생활에서 자주 사용하는 언어가 러시아인의 문화코드 즉, 의식구조와 어떻게 어울리며 표현되고 있는가 살펴보자.

여유, 배려, 용서

우선 러시아인들의 일상생활에서 가장 많이 쓰이는 말은 안부를 물었을 때 좀 어려운 일이 있더라도 거의 습관적으로 대답하는 '노르말리노(нормально, 정상이다)'라고 하는 표현이다. 이어서 가장 빈도 높게 쓰이는 말로는 어떤 실수나 잘못을 저지른 상대방이 사과를 하면 의례 '니체보(ничего, 괜찮다)'라는 이해하고 용서하는 분위기의 반응이 따른다. 또한 사람들의 크고 작은 불행에 대해서는 서로 '에따 쥐즌!(Это жизнь!, 그게 인생이다!)'이라는 말로 자신이나 타인을 위로한다. 또는 상황에 따라 '빠쥐봄 – 우비짐(поживём-увидим, 사노라면 다시 만나겠지요. 두고 봅시다)', '니체보 녜 뻐젤라예쉬!(Ничего не поделаешь!, 어쩔 수 없지 않아요!)'라고도 말한다. 바로 이러한 표현들은 자연 앞에 인간의 힘으로 어쩔 수 없는 일에 대한 러시아인들의 숙명론이나 운명

론적이면서 긍정적이고 내세지향적인 종교사상에 연유한 것이
라고 볼 수 있다.

절대자인 보그(Бог, 神, 하느님)에게의 의지

어느 나라에서나 보편적인 현상이기는 하지만 러시아인들
이 일상생활에서 자주 쓰는 말 가운데 유난히 많은 것은 절대
자, 즉 보그(Бог, 神, 하느님)를 빗댄 절실한 표현들이다. 예를 들
면 '슬라바 보구(Слава Богу, 하느님께 영광을! 덕택에, 고맙게도)' 또는
'블라고다랴 보가(Благодаря Бога, 하느님 덕분에)', '아무도 모른다,
하느님만이 아신다, 도대체 무슨 뜻인지 모르겠다'라는 의미로
쓰이는 '보그 베스찌(Бог весть)', '보그 즈나옛트(Бог знает)', '보그
베스찌 쉬또 따꼬예(Бог весть что такое)'라는 표현, 그 밖에도 '다
이 보그(Дай Бог, 원컨대, 제발 신이여: 기원의 의미)', '다이 보줴(Дай
Боже, 제발, 원컨대! 오! 하느님)', '녜 다이 보그(Не дай Бог, 당치도 않
다, 터무니없는 일이다, 딱 질색이다)', '이즈바비 보그(Избави Бог, '녜 다
이 보그'와 같은 뜻)', '까크 보그 스뱌뜨(Как Бог свят, 하느님께 맹세코,
반드시)', '스 보곰(С Богом, 하느님과 더불어, '안녕히' 또는 '성공을 빌어
요)', '보그 스 따보이(Бог с тобой, '하느님께서 그대와 함께'라는 말로 헤
어질 때 인사로 또는 죄를 사하는 말로 쓰임)', '뻐마가이 보그(Помагай
Бог, 수고하십니다:일을 하고 있는 사람에 대한 인사)' 또는 '보그 브 빠
모치(Бог в помочь, '뻐마가이 보그'와 같은 뜻)', '보줴 모이(Боже мой, 오
나의 하느님! 아니 저런: 경악, 비탄 등의 의미)', '빠밀루이 보줴(Помилуй
Боже, 하느님 우리를 불쌍히 여기소서! '보줴 모이'와 같은 뜻)' 등이 그것

이다.

집단주의적·공동운명체적 표현

러시아어에서는 광막하고 가혹한 자연환경과 수난과 단절의 역사적 경험에 기인한 집단주의적·공동운명체적 분위기를 나타내는 표현이 많이 쓰인다. 그것은 마치 우리말과도 같은 데가 있다. 즉 '나와 누구'라고 했을 때, '나'가 아니고 '우리'라고 표현하는 경우이다. 말하자면 우리말에서 화자가 1인칭 단수인 '나'인 경우에도 '나의 어머니'가 아니고 '우리 어머니'라고 표현하는 것과 같은 분위기를 말한다. 러시아어에서도 바로 이러한 분위기적 현상이 매우 보편화되어 있다. 즉 '나와 그'는 '야 이 온(Я и он)'이 아닌 '우리와 그'인 '므이 스 님(Мы с ним)', '나와 그녀'는 '야 이 아나(Я и она)'가 아닌 '우리와 그녀'인 '므이 스 네이(Мы с ней)'라는 말로 표현된다. 따라서 '나와 어머니'도 '야 이 마마(Я и мама)'가 아니라 '우리와 어머니'인 '므이 스 마모이(Мы с мамой)', '나와 아버지'는 '우리와 아버지'인 '므이 스 빠뽀이(Мы с папой)'로 표현된다.

무주어(無主語) 표현

일상생활에서 러시아어는 '무주어문'이라는 독특한 표현방법을 매우 많이 사용하는데, 이는 자연현상이나 마음상태, 기분상태, 일의 당위성 등 인간의 의지와는 직접적으로 연결되지 않는 사건을 나타낼 때[50] 주격의 주어를 쓰지 않고 여격의 주어를 사용하면서 이를 생략해 버리거나, 또는 보편적인 진리 같은 것을 말할 때 사용하는 2인칭 단수 주격의 주어를 생략해 버리는 식의 표현이다. 이러한 무주어문은 크게 '절대적 무주어문'과 '상대적 무주어문' 두 개로 나누어지며, 보다 구체적인 말의 표현은 다음과 같다.

절대적 무주어문: '마로싯트(Моросит, 가랑비가 온다)', '따밋트(Томит, 아프다)', '마로짓트(Морозит, 얼다, 춥다)', 찌므녜옛트(Темнеет, 어두워진다)', '미냐 빠스따얀노 쨔녯트 나 로지누(Меня постоянно тянет на родину, 나는 시종 고향(조국)에 마음이 간다)', '찌호 스볘쩻트 빠 브셰무 미루(Тихо светит по всему миру, 온 세상이 고요한 빛에 잠겨 있다)', '예보 도즈좀 쁘로모칠로(Его дождём промочило, 그는 비에 흠뻑 젖었다)', '브일로 볘셸로(Было весело, 즐거웠다)', '므녜 홀러드노(Мне холодно, 나는 추워)', '쪠쁠로(Тепло, 따뜻하다)', '좌르꼬(Жарко, 덥다)', '따슈닛트(Тошнит, 구토가 난다)', '쁘리야뜨노(Приятно, 기분이 좋다, 유쾌하다)', '브일로 그루스노(Было грустно, 슬펐다)', '우므누유 레치 하라쇼 이 슬루샤찌(Умную речь хорошо и слушать, 현명한 담화는 듣기도 좋다)', '남 돌즈노 쥐찌(Нам должно жить, 우리는 살아야만 한다)', '쁘로 녜요 브일로 자브이또(Про неё было забыто, 그녀에 대해 잊고 있었다)', '녜까보 브일로 류비찌(Некого было любить, 사랑할 사람은 아무도 없었다)', 므녜 호쳇사 스빠찌(Мне хочется спать, 나는 잠이 온다)', 니쳬보 녜 슬루칠로시(Ничего не случилось, 아무런 일도 일어나지 않았다)'.

상대적 무주어문: '이스츄트 젤리노보 쁘리까즈치카(Ищут дельного приказчика, 숙련된 점원을 구함)', '찌쉐 예제쉬, 달쉐 부제

쉬(Тише едешь, дальше будешь, 천천히 가면, 보다 멀리 갈 수 있다)', '류비쉬 까땃사, 류비 이 사노츠끼 바지찌(Любишь кататься, люби и саночки возить, 썰매타기 좋아하면, 썰매 끄는 것도 좋아해야 한다)'.

바로 이상과 같은 무주어문의 표현방식은 러시아인들의 거대한 자연 앞에서의 숙명론적, 종교적 자세와 밀접한 연관이 있다고 할 수 있다.

이심전심의 표현

러시아어에는 정관사가 없다. 또한 문체론적 특성에서도 동일 어휘의 반복을 피하려는 특성이 강하게 나타나고 있고, 환유적(metonymy) 표현도 많이 등장한다. 물론 동일 어휘의 반복은 다른 언어들에서도 일반적으로 나타나는 현상이지만, 정관사가 없다든가 환유적 표현이 매우 많다는 것은 러시아어가 문맥을 통한 이해에 커다란 비중을 두고 있음을 말한다, 바로 이 점은 러시아어가 비교적 어순이 매우 자유롭다는 것과도 연관이 있다 하겠다.[51] 그리고 바로 이러한 언어적 표현법을 통한 의사소통은 집단생활에 익숙한 러시아인들의 이심전심(以心傳心)에 따른 상대방 이해의 모습이라 할 수 있다.

비언어적 방법

음성, 억양, 어조, 시각, 제스처, 보디랭귀지(body language) 등으로 표현되는 이른바 비언어적 방법은 일반적으로 커뮤니케이션에 있어서 차지하는 비율이 90퍼센트를 넘어선다고 알려지고 있다. 러시아인들의 경우 바로 이러한 형태의 비언어적 방법이 이심전심의 표현방법과 어우러지면서 매우 선호되는 경향이 있다. 그러나 문제의 성격상 여기서 그것을 일일이 예로 들어 제시하기란 매우 어렵다. 다만 그러한 비언어적 의사소통 방법의 모양과 그러한 의사소통이 일어날 당시의 상황이나 정황의 예를 제시할 수 있을 따름이다. 다만 어떤 면에서는 이 표현방법이 사람들의 태도와 행동양식 또는 에티켓(etiquette) 등으로 규정될 수도 있는 것이다.

일상생활 습관

러시아에서 에티켓은 일반적으로 편안하고 비형식적이다. 물론 러시아에도 오래 전부터 전해지는 관습과 관례가 수없이 많다. 예를 들면 문지방을 가운데 두고 악수를 하지 않으며, 미소는 친구 사이에만 인사로 사용된다. 공적인 자리에서 미소 짓는 것은 상대방에 대한 존경심이 없다는 것이 된다. 아무 이유 없이 미소 짓는 것도 상냥한 것이 아니라 백치 같은 행위로 여겨진다. 러시아인은 상대방의 이야기 도중에 끼어드는 법이 없으며, 서구인들처럼 맞장구를 치지도 않는다. 대부분의 서구 국가에서는 사생활과 회사생활이 명백히 구분된다. 그러나 러시아의 경우는 다르다. 물론 이는 러시아인들이 사적인 것과 공적인 것을 구분하지 않는다거나, 서로 혼란스럽게 묶어서 처리한다는 뜻은 아니다. 바로 이러한 러시아인들의 태도는 러시아 사회가 법치(法治)보다는 인치(人治)에 의해 움직인다는 사실과 맥을 같이 하는 측면이다. 또한 러시아에서는 그것이 공적이거나 사적으로 중요한 전화가 거의 밤에 온다. 자정 전이라면 집으로 전화를 걸어 이야기하는 것이 별로 문제될 것이 없기 때문이다.[52]

사우나는 러시아인들의 비즈니스 생활에 매우 특별한 역할을 한다. 소비에트 시절 대부분의 동의와 결정은 사우나실에서 이루어졌다. 사우나가 그리 적성에 맞지 않는 사람이라도 그렇게 걱정할 필요는 없다. 6시간의 사우나 시간 중 대부분의 러시아인들이 사우나실에서 땀을 흘리며 즐기는 시간은 30여분 정도 밖에 되지 않으며, 나머지 시간은 테이블에 둘러앉아 보낸다. 러시아인들은 상황만 허락하면, 아무 때나 배가 고플 때 식사를 한다. 식사시간은 언제나 유동적이다. 러시아인들은 술에 취하고 싶을 때는 몇몇 가까운 친구들과 사석을 이용하지, 공식적인 자리에서는 결코 지나치게 마시지 않는다. 러시아인들은 인간의 약점에 가장 관대한 사람들이다. 러시아인들이 가장 싫어하는 것은 악한 인간이다.

앞에서도 언급한 바 있지만 러시아인들은 유머를 좋아하고, 보트카를 즐겨 마신다. 특히 "술좌석과 같은 모임에서 유머를 많이 사용하는데, 이런 모임에서의 대화는 심지어 유머로 시작되어 유머로 끝나는 경우가 있을 정도"이다. 그래서 "러시아인들과의 사업에 성공하려면 반드시 '유머감각이 중요하다'고 강조"되기도 한다. 또한 "러시아인 특히 남성들은(일부 여성들은 샴

페인을 더 즐김) 어느 술보다도 보드카를 즐겨 마시며……심지어 해외여행 시에도 보트카를 지참"하기도 한다. 그리고 러시아에서는 손님으로 초대를 받았을 경우 초청자(주최자)가 '다 드나(До дна: 바닥까지라는 말로, 단숨에 잔을 다 비우자라는 의미)'라고 축배를 제의하는 경우가 많은데, 이 경우 손님들 역시 '다 드나'라는 말로 화답을 하며 세 잔까지는 함께 잔을 비워 주는 것이 예의고, 이는 분위기를 조성하는 데도 아주 효과적이다. 나아가 "러시아인들은 존경하거나 마음에 드는 중요한 손님이 자기 사무실을 방문하였을 때, 보드카 또는 다른 술(이 경우는 상대방의 의향을 묻는 경우가 많음)로 축배를 제의하는 경우가 있으며, 이때는……가능한 한 받아들이는 것이 예의"다.[53]

한편 러시아인들의 꽃 문화는 유별나다. 친척이나 친구 생일, 결혼 또는 각종 행사에 초대받았을 때 대부분의 경우 꽃을 선물로 준비해 방문하는 것이 상례이다. 특히 여성이 초청하는 경우에는 반드시 꽃을 지참해야만 한다. 이런 경우 주인 입장에 있는 사람은 미리 꽃받침이나 화병을 준비해 두었다가, 꽃을 받자마자 준비된 꽃받침에 꽂거나 화병에 꽂아 손님들이 볼 수 있는 적절한 장소에 놓는 것이 바람직하다. 그리고 조문의 경우는 꽃을 짝수로, 축하의 경우는 홀수로 준비해야 한다. 싱싱하게 파란 잎이 달린 꽃대가 긴 크고 붉은 장미 한 송이는 사랑의 고백이고, 백합은 만남이나 데이트를 상징한다. 그러나 노란색의 꽃은 이별을 상징하는 풍습이 있으므로 주의해야 한다.[54]

악수보다는 포옹

슬라브계 여러 나라, 특히 대표적 슬라브족인 러시아인들은 그들의 공동운명체적 집단주의 사고방식에 기인해 친척 또는 친구를 오랜만에 만났을 때 서로 포옹하며 양 볼에 입을 맞추는 인사를 나눈다. 경기가 끝난 후 같은 팀 선수들끼리 서로 얼싸안는 것도 한 예이다. 이는 악수보다 훨씬 더 밀접한 사적 방법이라 할 수 있다. 포옹은 기독교적, 특히 러시아 정교회의 형제애와 같은 우애와 결속의 의미가 많이 내포되어 있다.

한편 이 인사법은 사회주의 형제국가라는 개념 위에 공산주의의 집단주의 사상과 결부되어 과거 구소련을 비롯한 사회주의 국가에서는 일종의 공적 의식의 표현이 되었다. 오늘날 러시아 연방이 소련이었던 시절, 그때 공산당 서기장(제1서기)이었던 스탈린이나 흐루시초프, 브레즈네프는 소련을 방문하는 외국의 고관들이나 귀환한 우주 비행사들과 인사를 나눌 때 두 팔로 감싸 안는 포옹의 방식을 취했다. 고르바초프가 정권을 잡았을 때도 이 인사법을 따랐다. 하지만 그는 나중에 정치적인 색채가 짙게 묻어나는 인사법으로 변질된 이 포옹의 인사법을 버리고 악수로 대체했다. 구질서로부터 거리를 두려는 정치인이었던 만큼 공산주의 이념의 강력한 상징적 인사의 하나가 되어버린 포옹을 거부했던 것이다. 그러나 오늘날 여전히 러시아인들의 일상생활에서는 가까운 친구나 가족끼리의 포옹 인사법은 그대로 이어지고 있다.

극단적 성격과 관료제

러시아인들은 담판을 벌일 때 불끈 화를 내거나, 극단적으로 위협하는 태도를 보이거나, 심지어는 나가 버리기도 한다. 그러나 어떤 결정적인 시기나 경우에 있어서 그들은 또한 무서운 참을성을 보인다. 오늘날도 참을성이나 시간을 정확히 지키지 못하는 것은 러시아인들에게 일종의 미덕으로까지 간주된다.

한편 상담 시 많은 경우 러시아인들로부터 거의 비언어적 표현에 가까운 '넷트(Нет: 영어의 No)'라는 대답 한마디를 듣거나, 아무런 표정도 없이 입을 다물어 버리는 경우를 접하게 된다. 이 모든 상황은 러시아 사회가 과거는 물론 소비에트 시기 그리고 오늘날까지도 단단한 계층적 관료제 사회의 틀을 벗어나지 못하고 있어서, 많은 경우 책임을 질 수 없거나 위로부터 문책을 당하지 않기 위해서 일어난다. 이와 같은 러시아인들의 모습은 고골, 도스토옙스키, 톨스토이, 고리키 등의 19세기 러시아 문학작품들 속에서 어렵지 않게 발견할 수 있다. 그리고 바로 이러한 사정 때문에 러시아인들은 자주 무뚝뚝하다거나 엉뚱하게도 인간미가 없다는 평을 듣기도 한다.

교양의 문제

오늘날 러시아인들의 일상생활에서 자연스럽게 자주 화제에 오르는 주제는 높은 수준의 자국 문화·예술에 대한 자부심, 세계 평화, 어려운 경제상황의 긴 터널을 벗어나 국제무대에서 강국으로의 부활 등이다. 가족 친지들과 더불어 음악회, 미술 전람회, 발레, 특히 연극 공연장을 찾는 것을 매우 당연하고 자연스럽게 여기고, 서로 집으로 초대를 하거나 초대받는 것을 커다란 기쁨이자 영광으로 생각한다. 이러한 일상생활 속에서 러시아어에는 '네꿀리뚜르느이(некультурный)'라는 말이 많이 쓰이고 있는데, 이는 '교양이 없는(uncultured), 매너가 없는(bad mannerd)'이라는 뜻이다. 공공건물이나 특히 식당, 극장, 음악회에 코트를 입거나 무거운 신발(heavy boots)을 신고 들어가면 '네꿀리뚜르느이'이다. 이러한 곳에는 반드시 옷이나 신발 보관소가 있다. 대화 중에 호주머니에 손을 넣고 있거나, 크게 웃고 말하거나, 실내에서 휘파람을 불거나, 다리를 꼬고 앉거나, 턱을 괴고 앉거나, 유행에 너무 민감한 옷을 입는 것까지도 '네꿀리뚜르느이' 취급을 받는다. 제스처에 있어서 엄지와 인지로 만드는 동그라미 모양의 미국인들 'OK'와 같은 사인은 러시아인들에게 저속하고 비속한 행위로 받아들여지며, 엄지손가락을 치켜세우는 것은 찬성, 승인, 최고를 뜻한다. 또한 두 손을 품위 있게 꼭 맞잡아 보이는 것은 굳은 신뢰와 우정을 표시한다.

직감적 이해

러시아인들은 어떤 이데올로기에 몰입하거나 진실에 이르는 길에 있어서 자신의 개인적 직감을 크게 믿는다.[55] 특히 이 개인적 직감을 크게 믿는 것은 러시아인들의 종교적이고 감성적인 성격과 직결되는 것이며, 그들이 십자 성호를 그을 때 세 손가락(성부와 성자와 성령을 상징)이 아닌 두 손가락(하느님과 사람을 상징하며, 하느님과 사람이 기도를 통해 직접적으로 만난다는 뜻으로 풀이됨)을 사용하는 민족주의적인 분리파 교도[56]를 탄생시킨 것 역시 러시아인들의 직감적 성격과 무관하지 않은 것이다. 바로 이와 같은 직감적 이해를 바탕으로 러시아인들의 제스처나 얼굴 표정에 따른 비언어적 의사소통 방법은 매우 자연스럽고 풍부하다.

러시아인들의 일상생활과 의사소통 방식

주어진 자연환경과 역사적 경험을 통해 형성된 러시아인들의 의식구조의 두 가지 핵심적 요소는 집단주의와 집권주의이다. 그리고 이를 바탕으로 형성된 러시아 문화코드의 주된 요소는 자연에 대한 순응, 절대자에 대한 순종, 가부장주의, 디오니소스(Dionysos)적 불같은 성격, 금욕주의적·묵시론적 구원주의, 피안의 세계를 갈망하는 초월주의, 절대권력을 가진 세속 통치권자에 대한 갈망과 그에 대한 복종, 교조주의, 권위주의, 관료주의, 정치적 무관심, 대외혐오증적 애국심 등이다. 이러한 문화코드 위에서 이루어지는 러시아인들의 일상생활이나 의사소통은 그것이 언어적이건 비언어적이건 극단적인 인내와 순종, 타인에 대한 배려, 여유, 감성적 신뢰, 비형식적이고 무주어적인 표현의 문장 같은 것들에 바탕을 두고 있다. 또한 러시아인들의 일상생활과 의사소통 방식은 매우 은유적이고 비유적이며 이심전심의 방법을 택하고 있다. 따라서 이러한 러시아의 이해를 위해 유념해야 할 것은 어떤 면에서는 극히 비학문적이 기도 하지만 수난과 단절의 역사 고비고비마다에서 러시아인 들이 흔히 말하는 살아남기 위해서는 '있을 때 먹어 두고, 보일 때 사 두고, 따지지 말라'라는 생존 3원칙, 특히 세 번째 '따지지 말라'라는 쮸뜨체프 시인의 명제 아닌 명제이다.

"영하 40도의 추위는 추위가 아니고, 주정 40도의 보드카는 보드카가 아니며, 400킬로미터의 거리는 거리도 아니다"라는 말들을 새삼 상기해 보자. 도시나 시골을 막론하고 사람들이 모이는 모든 곳에는 꽃가게가 있으며, 굶으면서도 음악회에 가거나 초대를 받았을 때는 호주머니를 털어 꽃을 사들고 가고자 하는 러시아인들의 심성을 이해할 필요가 있다.

러시아 연표

862. 류리크 공후 '노브고로드' 시(市)에 러시아 국가 창건.

882. 류리크의 후임 올레그 공후 키예프 점령, 다시 키예프로 수
도를 옮김.

988. 블라디미르 대공 기독교(그리스정교)를 국교로 수용.

1147. 모스크바 창건의 해로 역사에 등장.

1240. 알렉산드르 네프스키 공후 네바 강에서 스웨덴군 격파. 몽
고 · 타타르족에게 키예프 점령당함(공식적인 압제의 시작).

1276. 모스크바 공국의 시작. 다닐 모스콥스키 모스크바 최초의
공후가 됨.

1380. 드미트리 돈스코이 공후 돈강 유역에서 몽고 · 타타르군 최
초로 일시적 격파.

1472. 이반 3세(대제) 비잔틴제국의 국장이었던 쌍두독수리를 러
시아 국장으로 채택.

1480. 이반 3세(대제) 몽고 · 타타르족의 압제로부터 해방.

1547. 이반 4세(뇌제) 크냐지(공후)라는 칭호를 대관식을 통해 짜
리(황제)로 바꿈.

1560. 이반 4세(뇌제) 붉은광장의 성 바실리이 사원 준공(1552년
착공).

1589. 표도르 황제(당시 섭정 보리스 고두노프) 모스크바에 총주교
좌 설립.

1598. 류리크 왕조의 단절. 보리스 고두노프 짜리로 등극. 혼란의
시대 시작.

1613. 미하일 로마노프 즉위와 더불어 로마노프 왕조 시작.

1649. 알렉세이 황제 '울로줴니에' 법전 편찬을 통한 러시아 농노
제의 제도적 완성.

1654. 니콘 총주교의 종교개혁으로 '분리파 교도' 출현.

1667.~1671. 스텐카 라진의 농민봉기.

1700.~1721. 표트르 대제의 '북방전쟁'.

1713.   표트르 대제 러시아의 수도를 모스크바에서 상트 페테르부르크로 옮김.

1721.   표트르 대제 황제의 칭호를 '짜리'에서 서구식 칭호인 '임페라토르'로 바꿈. 제정 러시아의 시작.

1725.   예카체리나 1세 학술원 설립.

1755.   러시아의 레오나르도 다빈치라고 불리는 로모노소프 모스크바 대학 창립.

1773.~1775. 푸가초프의 농민봉기.

1776.   예카체리나 2세 볼쇼이 극장 건립.

1790.   알렉산드르 N. 라지스췌프『페테르부르크로부터 모스크바로의 여행』발표.

1799.   알렉산드르 S. 푸쉬킨 탄생(~1837).

1812.   나폴레옹 모스크바 원정(조국전쟁).

1821.   표도르 M. 도스토엡스키(~1881) 탄생.

1825.   12월당(데카브리스트)의 봉기. 모스크바 볼쇼이 극장 완공.

1828.   레프 N. 톨스토이(~1910) 탄생.

1840.   표트르 I. 차이콥스키(~1893) 탄생.

1853.~1856. 크림 전쟁. 영국 백의의 천사 나이팅게일 활약.

1861.   알렉산드르 2세의 농노해방.

1870.   블라디미르 I. 레닌(~1924) 탄생.

1873.~1875. '인민 속으로'(브나로드) 운동.

1879.   이오시프 B. 스탈린(~1953) 탄생.

1883.   플레하노프 스위스 제네바에서 '노동 해방단' 결성.

1895.   레닌 페테르부르크에서 '노동자계급 해방투쟁 동맹' 결성.

1898.   레닌 주도로 '소련공산당'의 전신인 '러시아사회민주노동당(RSDLP)' 창당.

1903.   RSDLP 제2차 당대회에서 볼셰비키(레닌)와 멘셰비키(마르토프)로 분열.

1904.~1905. 러·일 전쟁.

1905.1.9. '피의 일요일' 사건 발생. 10월 니콜라이 2세 '10월 선언' 발표.

1914~18. 제1차 세계대전.

1917.2. 제정 러시아 붕괴(로마노프 왕조의 마지막 황제 니콜라이 2세 퇴위). 3월 임시정부 수립. 10.25.(양력11.7.) 레닌의 지도 아래 볼셰비키 대혁명.

1918.1. 레닌 주도의 러시아소비에트연방사회주의공화국(RSFSR) 창설. 3월 모스크바로 천도, RSDLP 제7차 당대회에서 당명을 '러시아공산당(RCP)'으로 개칭.

1922.12. 스탈린 주도로 소비에트사회주의공화국연방(소련, USSR) 수립.

1925.12. 제14차 당대회에서 당명을 '전연방공산당(AUCP)'으로 개칭.

1939.~1945. 제2차 세계대전(대조국전쟁).

1952.10. 제19차 당대회에서 당명 AUCP를 '소련공산당(CPSU)'으로 개칭.

1956. 흐루시초프 스탈린 비판, 평화공존 선언. 소련군 헝가리 사태 무력진압.

1957.10. 최초의 인공위성 '스푸트니크 1호' 발사 성공.

1961. 유리 A. 가가린 최초 우주비행.

1968. 소련군 체코 침공. 브레즈네프 독트린(제한주권론) 선언.

1985. 미하일 S. 고르바초프 당서기장 취임. 페레스트로이카 개혁의 시작.

1990.3.15. 고르바초프 소련 최초의 대통령에 당선. 9월 한-소(러) 수교.

1991.6.12. 보리스 N. 옐친 러시아 공화국 대통령에 당선(러시아의 날). 12월 고르바초프 실각, 소련 붕괴, 독립국가연합(CIS) 결성, 옐친 권력 장악, 러시아 연방 수립, 러시아 연방 초대 대통령 취임.

1992.1.2. 옐친 '가격 자유화' 조치 단행.

1994. 제1차 체첸 전쟁.

1996.   옐친 재선.

1998.   모라토리엄(국가파산) 선언.

1999.   제2차 체첸 전쟁. 12월 31일 옐친 대통령직 사임, 블라디미
        르 V. 푸틴 대통령권한대행에 취임.

2000.   푸틴 3월 대통령에 당선, 5월 취임.

2004.   푸틴 재선, '강한 러시아 건설' 선포.

2008.   드미트리 A. 메드베데프 3월 대통령에 당선, 5월 취임. 푸
        틴 총리 취임. 11월 헌법 개정으로 대통령 임기를 4년에서
        6년으로, 국가두마 의원 임기를 4년에서 5년으로 늘림.

2012.   푸틴 3월 제6대 대통령(자신의 제3기, 2012~2018)에 당선,
        5월 취임. 메드베데프 총리 취임.

1) Edward B. Tyler, *Первобытная Культура*, переведён. Д. А. Коропчевский(М.: Политиздат, 1989), с.18.

2) 노명환, "이문화(異文化) 관리의 개념과 연구방법: 국가 역사 · 문화의 관점 - '차원적 방법(dimensional approach)'과 '묘사적 방법 (descriptive approach)'에 대한 평가를 중심으로," 『국제지역연구』, 제4권 제3호(2000년 가을), 33쪽.

3) 구소련은 러시아, 우크라이나, 백러시아, 카자흐스탄, 우즈베키스 탄, 키르키즈스탄, 타드지키스탄, 투르크메니스탄, 그루지야, 아르 메니아, 아제르바이잔, 몰도바, 에스토니아, 라트비아, 리투아니아 등 15개의 공화국으로 구성되어 있었으나 1991년 소련의 붕괴 와 더불어 각각 15개의 독립국가로 새 출발을 하게 되었다. 그리 고 이들 가운데 발트 3국인 에스토니아, 라트비아, 리투아니아를 제외한 12개국이 오늘날 러시아를 중심으로 독립국가연합(CIS, CHГ)을 이루고 있다.

4) 그래서 Mary Matossian은 그의 논문 "The Peasant Way of Life, in The Peasant in Nineteenth-Century Russia"(Stanford Univ. Press, 1968) 에서 "러시아 농민의 생활양식은 험난한 주위환경에 대한 뛰어난 적응을 보여 준다. 농민 가족은 길고 혹독한 러시아의 겨울을 오 직 엄청난 인내와 주의 깊은 살림살이로 버티어 낼 수 있었다"라 고 결론짓고 있다. Matossian은 이 논문에서 러시아인들이 물신주 의(物神主義)적 자연신 숭배사상과 기독교 사상을 자연스럽게 융 화시켜 이중신앙(двоеверие)을 그들의 종교적 문화의 특징으로 자 연스럽게 간직하고 있음을 잘 고찰해 주고 있다.

5) Н. А. Бердяев, *Философия свободы · Истоки и смысл русского коммунизма*(Москва: ЗАО ≪Сварог и К≫, 1997), с.248.

6) Н. А. Бердяев, *Русская идея · Судьба России*(Москва: ЗАО «Сварог и К≫, 1997), с.5.

7) Melvin C. Wren, *The Course of Russian History* (The Macmillan Company, 1968), p. 21; Б. А. Рыбаков и Л. Г. Бескровный, ред., *История СССР*, т. I~II.(Москва: Наука, 1966), с.353.

8) 역사적으로 볼 때 러시아 최고 통치자의 칭호는 최초 크냐지

(князь, 공후)로부터 시작해 1547년 이반 4세의 대관식으로 로마의 황제 Caesar로부터 유래하는 짜리(царь, 황제)라는 칭호로, 다음 1721년에는 표트르 대제에 의해 서구식 칭호인 임페라토르(император, emperor)로 바뀌어 불리게 되었다. 그리고 소련 시대에 와서는 최고 권력자가 공산당 서기장(генеральный секретарь, general secretery)으로, 그러다가 고르바초프 말기인 1990년 3월 이후 대통령(президент, president)으로 바뀌어 오늘날에 이르고 있다.

9) Edwin O. Reichauer and John K. Fairbank, *East Asia: The Great Tradition*, vol. 1, Houghton Mifflin Company, 1960, p. 266.

10) J. J. Saunders, *The History of Mongol Conquest*, Rotledge & Kegan Paul, 1971, pp. 82~84.

11) MacKenzie and Curren, op. cit., pp. 71~72.

12) Saunders, op. cit., pp. 168~169.

13) 러시아 국가의 기원에 관해서는 노르만 학설과 슬라브 학설 등 두 가지 설이 존재한다. 노르만 학설은 一名 초청설로서 본 저서에서 밝히고 있듯이 노르만인인 류리크가 슬라브인들의 초청을 받아 노브고로드에 도착하여 슬라브족들을 보호 · 통치하기 시작함으로써 국가가 시작되었다는 설이다. 한편 슬라브 학설은 류리크가 러시아 땅에 도착하기 전인 6세기 무렵 이미 슬라브인들 스스로 드네쁘르강 유역의 키예프를 중심으로 도시국가 형태를 이루어 국가가 시작되었다는 설이다. 슬라브 학설은 19세기에 러시아의 민족주의적인 사학자들이 주장하고 소비에트 시대에 힘을 받은 학설로서, 오늘날 세계 학계는 슬라브 학설을 참고로 할 따름이고, 노르만 학설을 정설로 택하고 있다.

14) 이와 같은 정치적 무관심의 모습은 지난 2003년 12월 7일에 치러졌던 총선 직전의 여론조사에서 "국민의 70퍼센트가 선거에 관심이 없다"는 보도를 통해서도, 또한 "정치 전문가들 사이에는 국민들이 정치와 아예 담을 쌓고 있다"는 분석 및 "러시아인들은 재벌의 구속이나 크렘린궁의 권력변화는 자신들과는 상관없는 그들만의 세상 이야기로 여기고 있다"는 현지 특파원들의 메모에서도 잘 나타나고 있다. 「조선일보」, 2003.12.5, A26.

15) 제2차 세계대전 중 소비에트 러시아의 사회주의 조국론과 같은 애국주의적 국민감정의 모습은 모스크바 대공국의 바실리이 3세

(1505~1533) 시대에 등장했던 전 세계 기독교 중심지로서의 로마제국의 수도 로마 – 제1로마, 비잔틴제국의 수도 콘스탄티노플 – 제2로마 러시아 왕국의 수도 "모스크바 – 제3로마"설과 깊은 연관을 맺고 있다. 바로 이 "모스크바 – 제3로마"설을 통해 정교회는 러시아 민족주의화되었다고 볼 수 있다. Н. А. Бердяев, *Философия свободы · Истоки и смысл русского коммунизма*, там же, *с*.248~249 참고.

16) 러시아인들의 공동운명체적 집단주의와 만장일치제적 집권주의를 보다 더 잘 이해하기 위해서는 초기 러시아 역사에 등장하는 미르(мир, 농민공동체)와 베체(вече, 民會)에 대한 고찰이 필요하다. 앞에서도 언급한 바 있지만 '미르'란 러시아인들의 전통적인 집단생활을 가장 잘 나타내주는 것으로, 이는 세계, 우주, 평화라는 뜻을 동시에 갖는 러시아어다. 바로 러시아인들은 처음부터 이 '미르'라는 공동체 속에서 집단을 이루어 살며, 집단으로 삶을 영위해 나갔기 때문에 개인에 대한 의식, 즉 개인의 자유 같은 것에 대한 인식은 잘 갖추지 못했다. 그리고 이러한 '미르'의 생활과 더불어 러시아인들은 처음부터 공동체와 관계되는 문제를 해결하기 위해 '베체'를 운영하였는데, 바로 여기서 모든 의사결정은 가혹한 자연환경과 역사적 수난 등을 극복하기 위해, 즉 생존 그 자체를 위해 일사불란한 힘을 모으기 위한 방법으로 만장일치제(единогласие)를 택했던 것이다. *Большая советская энциклопедия*, п.р. "Вече" и "Мир"; С. Ф. Платонов, *Лекции по русской истории*(Москва: Издательский дом 《Летопись-М》, 2000), с.131 참고.

17) Nicholas V. Riasanovsky, *A History of Russia*, 4th ed., Oxford Universty Press, 1984, pp.229~230.

18) 이 항목에 대해서는 주로 Robert K. Massie, 민평식 옮김, 『피터 대제(Peter The Great)』, 병학사, 1983, 500~511쪽을 참고하였음.

19) 위의 책, 511쪽.

20) 이 항목은 위의 책, 485~499쪽; Riasanovsky, op. cit., pp. 230~234를 참고하였음.

21) 부지제도(扶持制度)라고 번역된다. 모스크바 공국 시대에 시작된 지방장관 및 귀족들에 대한 일종의 급여제도로서 이들에게 부

여된 지방자유과세권에 의해 재원이 충당되었다. 따라서 이 제도는 지방장관이나 관료, 귀족들이 중앙정부로부터 어느 정도 상당히 자유로울 수 있는 근거가 되었다. "Кормление," *Большая советская энциклопедия*, 1973 изд.

22) Riasanovsky, op. cit., pp.235~236.

23) 이 항목 역시 Massie, 앞의 책, 512~521쪽을 참고하였음.

24) Massie, 앞의 책, 513쪽. 17세기 중엽 니콘(Никон) 총주교의 교회개혁에 반대해 떨어져 나온 분리파 교도들은 표트르 대제의 이러한 정책에도 불구하고 계속해서 변방 지역에 머물러 살면서 총주교청의 권위에는 복종하기를 거부했다. 그러나 국가에 대한 납세의 의무는 착실히 지키면서 만족한 생활을 하고 있었기 때문에 짜리는 이들을 숲 속에서 나와 살게 해보려고 여러 가지 수단을 강구해보았으나 실패했으며, 이들은 더 깊은 숲으로 들어가면서 시베리아 오지까지 파고들었다.

25) Riasanovsky, op. cit., p.233.

26) С. Н. Сыров, *Страницы истории*(Москва: Русский язык, 1987), с. 109.

27) Бердяев, *Философия свободы · Истоки и смысл русского коммунизма*, с. 248.

28) Nataliya Gevorkyan, Nataliya Timakova and Andrei Kolesnikov, 표윤경 옮김, 『푸틴자서전(First Person)』, 서울:문학사상사, 2001, 239쪽.

29) 위의 책, 88쪽.

30) "Послание Федеральному Собранию Российской Федерации ," 8 июля 2000 г., Москва, Кремль.

31) 「現代러시아研究」, 제44호(1993.12), 4쪽.

32) 정한구, 『러시아 국가와 사회』, 한울아카데미, 2005, 254쪽.

33) 「중앙일보」, 2000.3.28.

34) *Российская газета*, 2000.08.08.

35) *Российская газета*, 2001.08.04.

36) "Послание Федеральному Собранию Российской Федерации," 8 июля 2000 г.

37) 정한구, 앞의 책, 191쪽 참고.

38) "Послание Федеральному Собранию Российской Федерации," 8 июля 2000 г.

39) 정한구, 앞의 책, 193쪽; "О внесении изменений и дополнений в Федеральный закон 'Об общих принципах организации законодательных(представительных) и исполнительных органов государственной власти субъектов Российской Федерации'"; "О внесении изменений и дополнений в стати 7 и 9 закона Российской Федерации 'о милиции'" 참고.

40) "Конституция Российской Федераци," Статья 83-е, 128, 129.

41) 정한구, 앞의 책, 194쪽.

42) 정한구, 앞의 책, 215~220쪽 참조. 당시 연방정부의 지방정부 예산에 대한 강력한 통제 조치 또한 푸틴의 중앙집권화 정책의 일환이었다.

43) 사실 푸틴 대통령은 2000년 5월 7일 자신의 첫 번째 대통령 취임식을 가진 지 이틀 만인 5월 9일 스탈린이 승리를 거둔 제2차 세계대전 승전을 축하하기 위한 55주년 기념일에 독립국가연합(CIS)에서 온 5,000여 명의 참전용사들과 고위인사, 6,000여 명에 달하는 러시아군이 참가하는 대규모 군사 퍼레이드를 러시아 권력의 상징인 크렘린 궁 앞 붉은광장에서 거행했다. 바로 이 대규모 군사 퍼레이드는 1990년 11월 7일 볼셰비키 혁명 73주년 기념일에 거행된 것을 마지막으로 소연방 붕괴와 더불어 중단되었다가 10년 만인 2000년 푸틴에 의해서 부활된 것이다. 그리고 2001년에는 소련 시절의 국가(國歌)를, 2002년에는 '붉은 별' 등 옛 소련의 상징물들을 복원시키는 한편 2004년 4월에는 크렘린 궁 옆 알렉산드로프스키 공원에 있는 '볼고그라드'라는 명문(銘文)의 제2차 세계대전 기념비를 '스탈린그라드'로 바꿔 버리기도 했다. 나아가 푸틴 대통령은 재선에 승리해 그의 두 번째 임기가 시작된 지 1년 만인 2005년 5월 9일 전승기념일 행사에는 단 4시간 동안의 행사를 위해 60억 루블(약 2,148억 원)이라는 막대한 예산을 책정하는 한편, 전쟁 당시 적국이었던 독일, 이태리, 일본 등의 정상까지를 포함해 54개국 정상들을 초청했다. 또한 이 행사를 전후해 미-러 및 한-중 정상회담, CIS 정상회의, 러-유

럽연합(EU) 정상회의 등이 잇따라 열리면서 국제 외교무대가 마치 모스크바로 이동해 버린 듯한 것 같기도 했다. 당시 모든 러시아 언론들의 보도를 참조.

44) 「연합뉴스」, 2013.01.29.

45) "러시아에서의 민주주의는 러시아의 전통에 근거해야만 한다." 연차교서(Россия 24, 2012.12.12)

46) 정한구, 앞의 책, 196쪽; "Послание Федеральному Собранию Российской Федерации," 8 июля 2000 г., Москва, Кремль.

47) J. Mole, 앞의 책, 284~285쪽. 이에 대해서는 필자가 1989년 이래 오늘날까지 20년 넘게 러시아에 1년 또는 몇 달씩 장기체류하면서 직접 겪은 바이기도 하며, 러시아에 진출하고 있는 우리나라 기업들의 현지 주재원들이 이구동성으로 필자에게 피력한 사실이기도 하다.

48) http://203.244.115.78/wevzine117/sub.asp?zin_seq=&page_id=jumang(검색일 2003.6.5) 참조. 특히 러시아인들의 건배사를 비롯한 연설문, 축사, 광고 등 모든 부문에는 그들의 전통적인 속담이나 유명 작가, 사상가들의 경구(警句)가 반드시 곁들여진다. 최용삼 엮음, 『유머로 보는 러시아』(명지출판사, 2002), 46쪽 참고.

49) J. Mole, 앞의 책, 285쪽; 최용삼, 위의 책 참고.

50) 러시아인들에게 "이성과 의지는 비, 가뭄, 우박, 눈 등의 요소 앞에서는 무력한 것으로 생각되었다. 이러한 하늘의 힘, 신의 자비나 분노에 대한 의존은 깊은 신앙심을 배양시켰으나, 그와 동시에 종교적 정신에 수동성과 정적주의(quietism)라는 특성을 심어 주었다." 게오르기 P. 페도또프, "러시아 문화의 종교적 배경"(메리 메토시안 외, 장실 외 6인 옮김, 『러시아 문화 세미나』(미크로, 1998), 156쪽.

51) 최문정, 노-한 번역, "오류의 최소화를 위한 제언(1)", 「논문집」, 제4집(한국외국어대학교 통역번역연구소, 2000), 147~161쪽 참고.

52) 특히 이러한 경우는 필자가 러시아인들과 적지 않은 기간 동안 함께 생활하면서 가장 직접적으로 겪었던 일이다.

53) 최용삼, 앞의 책, 12~13쪽.

54) 위의 책, 72쪽 참고.

55) Terri Morrison, Wayne A. Conway, & George A. Borden, Ph.D., *Kiss, Bow, Shake Hands: How to do Business in Sixty Countries* (Adams Media Corporation, 1994), pp.314~321.

56) *Большая советская энциклопедия*, п.р. "Раскол" 참고.

참고문헌

논문

기연수, "러시아 專制政治의 起源", 政治學博士學位論文, 韓國外國語大學校, 1983.

기연수, "러시아 中央集權主義의 發達", 『논문집』. 제26집(한국외국어대학교), 1993.

기연수, "모스크바–제3로마論 연구", 『슬라브 硏究』 제11권, 1995.

기연수, "러시아인의 文化코드와 의사소통 방식", 『슬라브학보』 제19권 1호, 2004.

김우승, "농민 공동체와 공동체적 신념 체계", 『러시아의 지적 전통과 논쟁』(박영신·김우승 쓰고 엮음), 현상과 인식, 1994.

노명환, "이문화(異文化) 관리의 개념과 연구방법: 국가 역사·문화의 관점", 『국제지역연구』 제4권 제3호, 한국외국어대학교 외국학종합 연구센터, 2000.

최문정, 노–한번역, 『논문집』 제4집, 한국외국어대학교 통역번역연구소, 2000.

단행본

정한구, 『러시아 국가와 사회』, 한울아카데미, 2005.

Massie, K., 민평식 옮김, 『피터대제(Peter The Great)』, 병학사, 1983.

Mole, John., 노명환 외 옮김, 『유럽의 기업문화와 異文化 관리(Mind Your Manners: Managing Business Cultures in Europe)』, 고원, 2000.

Zernov, Nicholas., 위거찬 옮김, 『러시아 정교회사(The Russians and their Church)』, 기독교문서선교회, 1991.

『世界史大辭典』, 민중서관, 1976.

Anderson, *Perry Lineages of the Absolutist State*, NLB, 1979.

Fainsod, Merle., *How Russia is Ruled,* Havard Univ. Press, 1963.

Friedrich, Carl J. and Brzezinski Zbigniew., *Totalitarian Dictatorship and Autocracy*, Frederic A. Praeger, 1964.

Morrison, Terri., Conway, Wayne A., Borden, George A., *Kiss, Bow, Shake Hands: How to do Business in Sixty Countries*, Adams Media Corporation, 1994.

Riasanovsky, Nicholas V., *A History of Russia*, Oxford Univ. Press, 1984.

Saunders, J. J., *The History of the Mongol Conquest*, Routledge and Kegan Paul, 1971.

Бердяев, Н. А. *Философия свободы · Истоки и смысл русского коммунизма*. М.: ЗАО "Сварог и К, 1997.

"Послание Федеральному Собранию Российской Федерации." Москва. Кремль, 2000, 2012.

Сыров, С. Н., *Страницы истории*. М.: Русский язык, 1987.

Большая советская энциклопедия М.: Советская Энциклопедия, 1969~1978.

러시아의 정체성 푸틴과 표트르 대제 그리고 러시아인의 의식구조

펴낸날	초판 1쇄 2009년 4월 1일
	개정판 2쇄 2016년 5월 18일

지은이	기연수
펴낸이	심만수
펴낸곳	(주)살림출판사
출판등록	1989년 11월 1일 제9-210호

주소	경기도 파주시 광인사길 30
전화	031-955-1350 팩스 031-624-1356
홈페이지	http://www.sallimbooks.com
이메일	book@sallimbooks.com

ISBN	978-89-522-1124-8 04080

※ 값은 뒤표지에 있습니다.
※ 잘못 만들어진 책은 구입하신 서점에서 바꾸어 드립니다.

089 커피 이야기   eBook

김성윤(조선일보 기자)

커피는 일상을 영위하는 데 꼭 필요한 현대인의 생필품이 되어 버렸다. 중독성 있는 향, 마실수록 감미로운 쓴맛, 각성효과, 마음의 평화까지 제공하는 커피. 이 책에서 저자는 커피의 발견에 얽힌 이야기를 통해 그 기원을 설명한다. 커피의 문화사뿐만 아니라 커피에 대한 일반적인 정보 및 오해에 대해서도 쉽고 재미있게 소개한다.

021 색채의 상징, 색채의 심리

박영수(테마역사문화연구원 원장)

색채의 상징을 과학적으로 설명한 책. 색채의 이면에 숨어 있는 과학적 원리를 깨우쳐 주고 색채가 인간의 심리에 어떤 작용을 하는지를 여러 가지 분야의 사례를 통해 설명한다. 저자는 색에는 나름대로의 독특한 상징이 숨어 있으며, 성격에 따라 선호하는 색채도 다르다고 말한다.

001 미국의 좌파와 우파   eBook

이주영(건국대 사학과 명예교수)

진보와 보수 세력의 변천사를 통해 미국의 정치와 사회 그리고 문화가 어떻게 형성되고 변해왔는지를 추적한 책. 건국 초기의 자유방임주의가 경제위기의 상황에서 진보-좌파 세력의 득세로 이어진 과정, 민주당과 공화당의 대립과 갈등, '제2의 미국혁명'으로 일컬어지는 극우파의 성장 배경 등이 자연스럽게 서술된다.

002 미국의 정체성 10가지 코드로 미국을 말하다   eBook

김형인(한국외대 연구교수)

개인주의, 자유의 예찬, 평등주의, 법치주의, 다문화주의, 청교도 정신, 개척 정신, 실용주의, 과학·기술에 대한 신뢰, 미래지향성과 직설적 표현 등 10가지 코드를 통해 미국인의 정체성과 신념을 추적한 책. 미국인의 가치관과 정신이 어떠한 과정을 통해서 형성되고 변천되어 왔는지를 보여 준다.

058 중국의 문화코드

강진석(한국외대 연구교수)

중국의 핵심적인 문화코드를 통해 중국인의 과거와 현재, 문명의 형성 배경과 다양한 문화 양상을 조명한 책. 이 책은 중국인의 대표적인 기질이 어떠한 역사적 맥락에서 형성되었는지 주목한다. 또한, 구체적이고 실제적인 여러 사물과 사례를 중심으로 중국인의 사유방식에 대해 설명해 주고 있다.

057 중국의 정체성 `eBook`

강준영(한국외대 중국어과 교수)

중국, 중국인을 우리는 과연 어떻게 이해해야 하나? 우리 겨레의 역사와 직·간접적으로 끊임없이 영향을 주고받은 중국, 그러면서도 아직까지 그들의 속내를 자신 있게 말할 수 없는, 한편으로는 신비스럽고, 한편으로는 종잡을 수 없는 중국인에 대한 정체성을 명쾌하게 정리한 책.

015 오리엔탈리즘의 역사 `eBook`

정진농(부산대 영문과 교수)

동양인에 대한 서양인의 오만한 사고와 의식에 준엄한 항의를 했던 에드워드 사이드의 오리엔탈리즘. 이 책은 에드워드 사이드의 이론 해설에 머무르지 않고 진정한 오리엔탈리즘의 출발점과 그 과정, 그리고 현재와 미래의 조망까지 아우른다. 또한 오리엔탈리즘이 사이드가 발굴해 낸 새로운 개념이 결코 아님을 역설한다.

186 일본의 정체성 `eBook`

김필동(세명대 일어일문학과 교수)

일본인의 의식세계와 오늘의 일본을 만든 정신과 문화 등을 소개한 책. 일본인을 지배하는 이데올로기는 무엇이고 어떤 특징을 가지는지, 일본을 주목해야 하는 이유는 무엇인지 등이 서술된다. 일본인 행동양식의 특징과 토착적인 사상, 일본사회의 문화적 전통의 실체에 대한 분석을 통해 일본의 정체성을 체계적으로 살펴보고 있다.

261 노블레스 오블리주 세상을 비추는 기부의 역사

예종석(한양대 경영학과 교수)

프랑스어로 '높은 사회적 신분에 상응하는 도덕적 의무'를 뜻하는
노블레스 오블리주. 고대 그리스부터 현대까지 이어지고 있는 노
블레스 오블리주의 역사 및 미국과 우리나라의 기부 문화를 살펴
보고, 새로운 시대정신으로 노블레스 오블리주를 부활시킬 수 있
는 가능성을 모색해 본다.

396 치명적인 금융위기, 왜 유독 대한민국인가   eBook

오형규(한국경제신문 논설위원)

이 책은 전 세계적인 금융 리스크의 증가 현상을 살펴보는 동시에
유달리 위기에 취약한 대한민국 경제의 문제를 진단한다. 금융안
정망 구축 방안과 같은 실용적인 경제정책에서부터 개개인이 기
억해야 할 대비법까지 제시해 주는 이 책을 통해 현대사회의 뉴
노멀이 되어 버린 금융위기에서 살아남는 방법을 확인해 보자.

400 불안사회 대한민국, 복지가 해답인가   eBook

신광영 (중앙대 사회학과 교수)

대한민국 사회의 미래를 위해서 복지는 선택이 아니라 필수라고
말하는 책. 이를 위해 경제 위기, 사회해체, 저출산 고령화, 공동
체 붕괴 등 불안사회 대한민국이 안고 있는 수많은 리스크를 진단
한다. 저자는 사회적 위험에 대응하기 위한 복지 제도야말로 국민
모두의 삶의 질을 높일 수 있는 길이라는 것을 역설한다.

380 기후변화 이야기   eBook

이유진(녹색연합 기후에너지 정책위원)

이 책은 기후변화라는 위기의 시대를 살면서 우리가 알아야 할 기
본지식을 소개한다. 저자는 기후변화와 관련된 핵심 쟁점들을 모
두 정리하는 동시에 우리가 행동해야 할 실천적인 대안을 제시한
다. 이를 통해 독자들은 기후변화 시대를 사는 우리가 무엇을 해
야 할 것인지에 대하여 생각해 볼 수 있을 것이다.

사회 · 문화

eBook 표시가 되어있는 도서는 전자책으로 구매가 가능합니다.

(주)살림출판사
www.sallimbooks.com
주소 경기도 파주시 문발동 522-1 | 전화 031-955-1350 | 팩스 031-955-1355